河東智異山七佛寺亞字房

'千年의 秘密' 아자방 온돌

김준봉 지음

어문학사

아자방 온돌책을 시작하며

1993년 중국 연변과학기술대학에 첫발을 디딘 것으로 온돌과의 긴 인연이 시작되었다. 어린 시절의 서울에서 구들방에 연탄 불을 때고 살았던 기억은 있지만, 그 후 대학에서 건축을 전공하던 1998년 국가공인 건축가인 건축사자격을 취득하고 건축사 사무소와 시공회사 대표로 일하며 한마디로 잘나가던 건축업자로 살아가고 있었다. 하지만 당시 건축과 교수 및 학교의 건축을 맡아 일할 인재가 필요하다는 친구의 설득(?)으로 제2의 인생을 새롭게 시작하게 되었다. 처음에는 학교 설계와 감리 업무를 맡아 진행하게 되었으며, 동시에 중국의 비자 문제로 학교에서 학생들을 가르치는 교수로서도 근무하게 되었다. 당시 건축과가 없어 연극반 지도교수로 연극영화의 이해라는 교양과목을 가르치게 되었는데, 대학시절부터 회사를 차리고 나서도 연극활동을 했던 것이 큰 도움이 되었다. 얼마

후 학생들의 요구와 건축을 전공한 교수들이 모여 건설공학부를 만들게 되었고 본격적인 건축과 교수의 길을 걷게 되었다. 연변과학기술대학은 겉으로는 일반 중국 대학이었지만 실제로는 선교사들이 운영하는 대학이라 신학교 버금가는 수준의 수업이 진행되어, 부분적으로 소홀한 건축과 수업을 위해 주말마다 학생들과 답사를 하며 민가건축에 대한 연구를 했다. 대학시절 학교에서는 서양건축 중심의 수업을 했고 졸업 후에도 한국전통건축에 대한 열망은 있었지만 충분히 체계적으로 우리 전통건축을 공부할 기회가 없어 아쉬움이 매우 컸다. 한옥과 구들에 입문하는 계기를 중국 동북 삼성지방(길림성, 요녕성, 흑룡강성)의 민가를 조사 및 연구하는 답사를 통해 오랜 열망을 이루게 되었다. 특히 우리 민족이 많이 살고 있는 연변지방의 한옥은 고래등같은 기와집은 별로 없지만 우리의 순박한 황토방 초가집형태의 민가는 정말 많았다. 중국 현지의 한족(漢族)집과는 확연히 차별되어, 비록 중국의 집들보다는 규모면에서 크진 않지만 정갈하고 깔끔한 우리 전통건축 한옥에 금세 매료되었다. 전통한옥 요소 중에서 눈길을 끈 것은 바로 구들 - 온돌 - 이었다. 수많은 흙집을 조사하며 깊게 감동했다.

공간도 좁고, 추운 지역에 열악한 재료만으로도 이렇게 깨끗하고 따뜻함을 유지할 수 있는 집을 지을 수 있다는 점이 놀라움을 선사했다. 결론만 말하자면 한옥의 효율성과 우수성에 깊이 반하게 되었다. 일반적으로 한옥하면 고래등같은 기와집을 연상하지만 사실은 한옥의 주류는 마루, 흙벽, 초가집이 가장 주류를 이룬다. 그런데 우리민족의 정과 혼이 심겨 있는 황토 초가집은 근대화와 더불어 우리에게서 멀어지고 고급 양반집이 지금 이 시대의 한옥으로 대표된 점

'千年의 秘密' 아자방 온돌

에 아쉬움이 컸다. 이 양반한옥이 아닌 서민한옥이 바로 황토구들방이고, 이 황토구들방이 중국 연변 땅에 무진장으로 있었다. 함경도에서 오신 분들은 함경도식 초가집, 경상도에서 오신 분들은 경상도식 초가집, 전라도에서 오신 분들은 전라도식 초가집을 보면 각 지역마다 형태가 다름이 신기함과 동시에 감동스러웠다. 그에 영향을 받아 건축가이자 학자로서, 중국에 있는 전통한국민가를 열렬히 조사하고 연구를 진행했다. 현재에 와서는 온돌의 가치를 인정받고 있지만 불과 몇 십 년 전에는 문화재청에 국제온돌학회를 설립하기 위한 것도 온돌이 동네 할아버지들도 놓는 흔한 기술이고 문화재적 가치가 없다는 이유 하에 거절을 당하는 시절이었다. 당시는 문화재 장인으로 대목·소목은 있어도 온돌편수라는 종목 자체가 없던 시절이었다. 결국 2002년 국제학회를 연변에서 일본·중국 학자들과 설립하고 2008년에야 국토교통부에 사단법인으로 등록할 수 있었다. 그리고 2014년 (사)국제온돌학회의 주도로 온돌공이 비로소 문화재 장인으로 정식 종목이 되고, 2018년에는 드디어 '온돌문화'가 우리 국가 무형문화재 135호로 지정되었다.

한옥의 온돌은 건강건축이자
면역기능을 향상시키는 치유건축

우리 한옥은 건강건축이며 거주자의 면역기능을 향상 시키는 치유건축이다. 일찍이 조선 세종 때 이미 선비들의 치료를 위하여 온돌방을 궁궐 안에 설치하여 그 효능을 인식하였고, 일제 강점기에도 현규환 박사는 1944년 만주의과대학 위생학교실에서 '항(炕, 침대형 입식 쪽구들)과 온돌(溫突, 좌식형 통구들)의 위생학적 연구'를 통해 온돌의 보건의학적 연구를 하였는데, 당시 만주인(滿族), 중국인(漢族), 조선인(韓人)을 구별하여 민족별로 온돌의 건강성에 대한 과학적이고 객관적인 연구를 하였다. 당시 열악한 만주지역의 의료환경에서도 체온유지와 청결성을 유지하여 면역성능을 높이는 온돌의 보편성과 탁월성에 대하여 그 진가를 규명하였다. 오랜 전통과 역사를 가진 한옥, 그 중에서도 최소 2000년 이상 이어 우리의 건강을 담보한 온돌의 효능을 간과해서는 안된다.

인류문화로서 보편성과 탁월성을 가진 한옥과 온돌문화.
온돌은 수승화강(水昇火降)작용으로 두한족열(頭寒足熱)을 유도하여
면역기능을 향상시키는 보건의학적 설비.

근대화의 물결로 침대 문화와 라디에이터 난방 등이 아파트 문화로서 물밀 듯이 들어 왔지만 방바닥을 따뜻하게 하는 한민족 고유의 온돌문화만은 변화시키지 못했다. 아무리 입식 문화가 우리 주거문화의 대세가 되었어도 바닥을 따뜻하게 하여 실내에서 탈화하게하는 온돌은 현재까지도 거의 100%를 유지하고 있다. 그 이유는 무엇인가? 바로 동서양의 고전의학자들이 질병에 걸리지 않고 건강하게 사는 방법에 대해 공통적으로 말하는 핵심은 수승화강(水昇火降)을 통한 두한족열(頭寒足熱)로서 면역기능을 향상시키는 것이다. 글자 그대로 해석하면 물(水)기운은 올리고 불(火)기운을 내려서 위는 차게 아래는 따뜻하게 유지 한다는 말이다. 즉 수승화강의 이치를 한방의학에서는 머리는 차고 발은 따뜻하게 하는 것이 만병을 예방하

'千年의 秘密' 아자방 온돌

는 건강비법이라 한다.

최근 〈코로나 19 감염병〉로 우리나라 온 천지가 비상이 걸렸다. 모든 뉴스가 블랙홀처럼 전염병으로 초토화되었다. 이제까지 체험해보지 못한 시공이 우리 앞에 전개되고 있다. 밀집된 폐쇄공간에서 창궐하는 신종 전염병 앞에 모두가 환경과 건강에 대한 불확실성을 국가 차원에서 경험하는 첫 사례이다. 대한예방의학회 〈코로나 19 감염병〉 비상대책위원장은 이번 사태를 보며 앞으로 '또 다른 무엇'이 오리라는 사실부터 인정해야 한다고 말한다. 전 세계 사람 - 동물 - 환경이 모두 서로 밀접하게 연결되어 있다는 개념인 원 헬스(One Health) 시대를 우리는 살아가고 있음을 생각하고 앞으로 또 올 수 있는 불확실성은 역사에서 그 해답을 찾아야 한다는 말이다.

이 시점에서 우리는 한옥과 전통 난방인 온돌에 대한 의미를 새롭게 이해할 수 있다. 왜냐하면 현대의 바이러스 질병은 예방을 위해 청결한 생활환경과 따뜻한 체온을 유지하여 평소 면역성을 확보해야 하기 때문이다. 현대 도시는 미세먼지와 초미세먼지로 〈코로나 19〉의 폐렴증상에 양분을 제공하는 상황이다. 건축 역시 과도한 단열성만을 강조한 나머지 보온병같은 밀폐공간에서 자연환기를 거부한 체 기초면역력을 약화시키고 있다. 우리 온돌은 실내에서 신발을 벗는 탈화 생활로 실내의 오염을 막고, 또한 공기의 온도를 올리는 서양의 입식형 난방과는 다르게 방바닥을 따뜻하게 하여 좌식생활을 통한 피부 접촉 난방으로 거주자의 체온을 올려주는 획기적인 난방을 하기 때문이다. 보건 의학적 견지에서 보면 치유건축이 핵심인 한옥이 온돌을 통해 온도뿐만 아니라 자연적인 습도조절로 인위적인 가습기의 폐해를 예방하며, 전통한옥과 온돌은 신선한 산소를 공급하기 위한 황토의 통기성에 의한 자연환기, 미세먼지를 차단하면서 신선한 공기를 공급하는 흙벽 정화작용 등으로 여러 건강건축에 반하는 문제들을 한꺼번에 처리하는 수 천년을 내려온 우리의 원천기술이자 우리의 터전이다.

'가장 우리적인 것이 가장 창의적이다.'
한옥과 온돌의 보편성과 탁월성은 온돌문화유산의 핵심 키워드.

영화 〈기생충〉이 칸 영화제 수상에 이어 아카데미영화제의 4관왕의 쾌거를 이뤘다. 국내뿐만 아니라 전 세계 모든 영화인들이 환호하며 한국 영화 역사에 길이 남을 족적을 새겼다. 비(非) 영어권 영화로는 최초로 최우수작품상을 수상했다. 국제장편영화상(옛 외국어영화상)과 최우수작품상을 동시에 수상한 것 역시 최초다. 봉준호 감독이 아카데미 시상식에서 인용했다는 '가장 개인적인 것이 가장 창의적인 것이다.'라는 마틴 스코세이지(Martin Scorsese)의 말을 이렇게 바꿀 수 있지 않을까 싶다. '가장 우리적인 것이 가장 창의적이다.'라고. 황토를 사용한 자연적인 습도 조절, 실내 온도를 낮추면서도 바닥을 따뜻하게 이불 속 온도를 높여 쾌적감을 유지시키고, 에너지 부하를 줄이고, 자연적인 통풍 조절 등으로 인한 쾌적한 실내 환경을 만들게 해주는 주거문화가 한옥과 온돌이다.

온돌은 또한 실내에서 재나 먼지 등이 발생되지 않아 폐기관의 건강에 문제를 불러일으키지 않는다는 장점이 있으며 최근 국내의 산후조리원이나 아동 도서실 등 노유자 시설에 온돌난방을 채용하여 호평을 받고 있고, 독일 등 유럽에서 가정은 물론 병원에서 까지도 온돌을 응용해 사용할 만큼 그 효과도 뛰어나다. 이와 같이 한옥과 온돌이 가진 보편성과 탁월성이 바로 우리 문화유산으로서 핵심키워드이다. 이제 과학적으로 규명하고 보건의학적 임상을 통한 실증으로 온돌문화를 세계 만방에 전해야한다.

〈코로나 19 감염병〉에 직면한 지금 불확실한 미래 건강을 위한 가장 좋은 대책은 결국 면역기능을 향상 시키는 것이다. 불확실성의 시대인 4차 산업혁명 시대를 맞아 가장 확실한 과학은 살아온 역사가 증명한다. 청결한 생활과 면역을 증가시키는 좌식 탈화 생활의 역사를 가진 한민족의 온돌문화가 우리 앞에 펼쳐진다. 이 문화에는 힘이 있다. 김구 선생이 "오직 한없이 가지고 싶은 것은 높은 문화의 힘이다."라고 말씀하신 문화의 힘은 "한옥과 온돌문화"가 아닌가 생각된다.

목차

2009년 해체 복원 전 겨울 아자방 전경

제1장 아자방 온돌의 현대적 가치와 상생사상

1. 들어가며

경남 하동 지리산 칠불사의 아자방 천년의 비밀을 풀어내 세계문화유산등재라는 목표에 다가가고자 첫삽을 뜨게되었다.

일찍이 칠불사를 유람한 조선 유학자 황도익(黃道翼, 1678~1753년)은 아자방의 구조를 "중앙은 낮고 사방의 가장자리는 높아 높낮이가 거의 2~3척 남짓이다. 한곳에 불을 지피면 아래위가 모두 따뜻해지니 또한 기이하다."라고 하였고 박래오(朴來吾) 역시 "아자방을 지은 방법이 지극히 묘하고 기이하여 위아래 층의 온돌이 데워지고 식는 것이 한결 같았으니, 이 또한 그러한 까닭을 알 수가 없었다."라고 하였다. 또 1982년 당시 아자방을 해체 복원한 구들 장인 김용달(金龍達) 님에 의하면 "지금의 구들은 하나의 부뚜막 아궁이로 되어 있고 아궁이 속 함실 크기는 사람이 들어가 앉아서 손을 들어 만질 수 있는 정도의 크기이다. 삼각형태의 이맛돌 부분은 새로 만든 석재가 맞지 않아서 불힘을 견디지 못해 부스러져서 최근에 재수리되었다."라고 하였다.

이처럼 그간의 구전이나 여러 선비들과 고승들의 기록과 구전 그리고 1982년 해체 당시의 기록을 살펴보면 아자방의 구조, 특성, 규모 등을 자세히 설명하고 있다. 신라시대 구들도사인 담공선사가 지었다고 전해지는 당시의 모습을 아직은 알 수 없으나 최근 발굴조사를 통하여 고려시대의 유구들의 발견되어 최소한 고려시대 때 부터 이 구들이 이어져 오고 있고 그간 구전으로 내려오던 가마형 아궁이를 재현한 실제 크기의 체험관에 대한 건축을 통하여 역사가 말하는 아자방의 찬란한 비밀에 조금이나마 접근 할 수 있었다. 이러한 빛나는 선조들의 지혜의 총화인 이 아자방 구들은 우리가 온돌민족임을 증거하고 우리 온돌문화를 대표하는 소중한 문화유산으로 손색이 없다.

아자방의 비밀을 풀고 있는 국제온돌학회는 5000여 년 전부터 과학적인 방법으로 현재까지 보존돼 온 한반도와 만주지역의 온돌문화 연구를 위해 설립됐으며, 온돌구조와 그 기술적인 가치발굴에 전력을 기울이는 단체다. 지난 2019년 9월에 동국대학교에서 열린 제18차 국제학술대회는 칠불사 아자방 구들을 주제로 '아자방 온돌의 복원과 토속건강건축'을 기치로 하여 그간의 아자방의 발굴과 재현한 성과를 공개 하였다. 아자방의 놀라운 비밀을 현대의 기술로 밝히고 전달하려는 사업의 일환으로 한·미·중·일의 학술교류 기회를 증진하고 친환경 건강건축으로서의 온돌과 지속가능한 건강한 건축을 추구하며, 반만년을 이어온 전통한옥의 친환경성과 온돌난방의 원천기술을 현대에 접목해 인류의 위대한 발명인 바닥난방문화를 한층 계승 발전시켜 나가는데 의의를 가졌다.

경남 하동에 위치한 지리산 반야봉의 '반야(般若)'는 '지혜'를 뜻하는 '빤냐(pañña)'라는 범어(梵語)로 불가(佛家)에서 흔히 쓰는 말이다. 이 칠불사가 있는 지리산 반야봉은 행정구역상으로는 경상남도 하동군 화개면 범왕리 1605번지 칠불사에 속해 있으며, 우리민족의 뛰어난 과학적 우수성을 대변해 주고 있는 전통건축 온돌난방 구조물이 있는 고래구들(온돌)방의 이름이다. 칠불사의 아자방은 실내 모습이 한자의 아(亞)자와 같은 형태로 지어진 곳이라 하여 아자방이라 이름 지어졌으며, 스님들이 수도를 하는 낮은 좌선처와 높은 경행처를 두고 있는 특별한 온돌 구조이다. 특히 아자방은 온돌 구조가 특이해 아궁이는 지게를 지고 들어갈 만큼 거대하고, 긴 겨울의 동안거[1] 동안 추위를 견디며 수행을 하던 스님들을 위해 한번 불을 때면 49일간이나 따뜻하고 동안거 90일간 온기를 간직했다는 놀라운 기록이 남아있는 우리나라 온돌 역사의 자부심이다. 이 아자방은 신라 효공왕(재위 897~912년) 때 구들도사로 불리던 담공 선사가 칠불사에 축조한 아(亞)자형의 이중온돌방으로, 네 모퉁이를 바닥보다 35㎝ 높게 잡아 스님들이 면벽 수행을 할 수 있도록 돼 있다. 아자방은 만든 이래 1000년을 지내는 동안 한번도 고친 일이 없다고 하는데, 안타깝게도 순조 30년(1830년)에 화재로 소실되어 개축했으나, 1949년에는 여수 순천10.19사건으로 국군에 의해 작전상 이유로 다시 소

---

1 동안거는 스님들이 음력 10월 15일부터 이듬해 정월보름까지 한겨울 90일간 수도하는 기간으로 장좌불와 묵언 1일 1식을 한다.

실되었던 이 칠불사의 유산은 아자방 구들은 이후에도 원상태로 남아있었지만 1982~1983년에 복원 사업을 벌이면서 제대로 된 발굴과 고증을 거치지 않는 바람에 예전과 달리 사흘 정도 온기가 지속되는 데 그쳤다. 당시 시굴 조사 결과 1m 이상의 바닥 두께와 10㎝ 두께가 방바닥 장판이 있었고, 구들돌 두께는 20㎝ 이상 되는 것이 많이 발굴됐으나 서둘러 공사를 마치는 바람에 원형이 많이 훼손된 것은 큰 아쉬움으로 남았다.

2. 아자방 천년의 비밀

| 그림 1 | 최근 해체·복원 공사 중인 지리산 칠불사 아자방 전경

경남건축문화재연구원이 하동군의 의뢰를 받아 아자방터를 2016년 2월과 8월, 두 차례에 걸쳐 발굴 조사한 결과 고려 시대 건물터가 확인되고, 그동안 묻혀 있던 아래쪽에서 네모반듯한 모양의 '확돌'도 처음으로 발굴됐다. 이는 오랜 기간 온기를 간직하기 위해 장작을 한꺼번에 쌓을 수 있는 가마 형태의 대형 아궁이가 존재했음을

　　　　　　　　　　　　　　　　　'千年의 秘密' 아자방 온돌

| 그림 2 | 아자방 내부 해체 발굴시 구들장 아래에 드러난
일자형 줄고래 구들둑 모습이 보인다

| 그림 3 | 아자방 아궁이 해체발굴시 길이 2m가 넘는 대형 아궁이가
발견되고 고려기층에서 다량의 고려시기 기와 편이 발굴되었다

추측할 수 있는 귀중한 단서이다. 장작을 한꺼번에 적재 가능한 길이가 2m가 넘는 대형 아궁이 발견되었고. 좌우 양쪽에 보조아궁이와 건물터, 청자편 등 고려 시대와 조선 시대 구조물과 유구를 발굴했다. 이는 아자방 구들이 이미 고려 시대에도 존재했음을 보여 주는 귀중한 성과이다.

그리고 사찰 방문객을 위해 실제로 온돌을 사용할 수 있도록 별채의 새로운 아자방 체험관을 실제의 아자방과 동일 규모와 형태로 신축하였고 국제학술대회 기간 동안 임시개관을 하였다. 체험방의 건

| 그림 4 | 온돌문화가 우리나라 국가무형문화유산 135호로
2018년 지정된 이후 매년 아자방 온돌문화축제를 진행하고 있다

립으로 겨우내 한 번 불을 때면 100일간 따뜻했다는 기록이 전해 오
는 칠불사 아자방(亞字房)의 천년 비밀의 일부가 풀렸다고 볼 수 있
다. 지금보다 훨씬 규모가 큰 주아궁이의 크기와 길이 등도 밝혀냈
고, 2015년부터 4년간 이뤄진 아자방 해체·발굴조사 결과 고래(구들
장 밑으로 낸 고랑) 둑은 8조가 설치돼 있었으며, 축열 기능을 높이기 위
해 기와를 쌓아 만든 것으로 확인됐다.

아자방 해체복원 사업의 자문위원 단장인 고영훈 경상대학교 명
예교수가 '지리산 칠불사 아자방 구들의 해체와 복원', 그리고 아자
방의 재현을 위한 체험관을 직접 설계하고 시공한 김준봉 선양건축
대학교 교수가 '아자방 구들 체험관의 구조와 설계시공'을 주제로 각
각 발표하고, 종합토론을 마친 뒤 하동 지리산 칠불사 아자방지 발
굴조사 현장을 견학하고 아자방 채로 재현된 체험관을 체험하며 온
돌장인들의 숨결을 느끼는 시간을 가졌었다.

당시 윤상기 하동군수는 "이번 발굴을 위해 부엌 바닥과 아궁이,
구들과 고래 등을 모두 해체한 결과 아자방 구들의 천년 비밀을 어
느 정도 밝혀낼 수 있었다."며 "발굴 결과를 토대로 문화재청에 아자

'千年의 秘密' 아자방 온돌

| 그림 5 | 매년 칠불사 일원에서 온돌문화제가 열린다
- 제3회 온돌문화제 전통온돌기술자 교육에서 온돌 모형만들기 실습 -
나무로 만든 온돌레고를 사용한다

방을 국가지정문화재로 승격해 줄 것을 요청하고, 유네스코 세계문화유산에도 등재할 계획"이라고 말했다.

김준봉 국제온돌학회 상임회장(중국 선양건축대학 교수)은 "아자방은 우리 민족이 불을 다루는 솜씨가 얼마나 뛰어났는지를 보여 주는 걸작 중에 걸작"이라며 "우리나라 전통 온돌문화의 특징을 잘 보여 주고 있어 문화재로서의 가치가 충분하다."고 강조했다.

하동군은 칠불사 경내에 아자방 온돌 체험관을 별도로 건립해 우리 선조들의 온돌 기술과 문화를 일반인들에게 공개하고, 체험도 할 수 있게 할 계획이다. 아자방 온돌 체험관은 발굴 결과를 토대로 철저한 고증을 거쳐 완공되었다.

좌식문화와 구들문화는

한민족의 독특하고도 독창적인 주거문화

5000년이 넘는 역사를 지닌 한민족의 한옥과 온돌은 독특한 방식으로 불을 이용하는 한국의 전통적인 주거문화이고 난방방법이다.

온돌은 한국인의 주거인 한옥에서는 마루와 함께 필수적인 요소이며 사회적 지위나 지역적 차이를 불문하고 모든 사람이 공통적으로 향유하는 주거문화이다. 또한 여름을 위한 '마루공간'과 겨울을 위한 공간인 '온돌공간'은 적은 에너지원으로 많은 식구가 혹한의 추위를 이기고 건강을 지속시킨 한국의 좌식 평상문화에 적합한 고유한 난방방법이기도 하다. 한민족의 의식주 전통 중에서 주거전통은 한옥이 그 맥을 잇고 있는데 한옥 중에서 구들(온돌)은 그 중요성과 의미가 대단히 크다. 한·중·일 세 나라의 전통 주거는 모두다 목구조가 기와 혹은 초가의 구조인데 우리 한민족만이 구들을 전적으로 채용하고 있기 때문이다. 그래서 구들은 한옥의 핵심이라고 해도 과언이 아니다. 또한 구들은 주거문화의 중심이지만 의생활과 식생활 그리고 한민족의 예절 등 전통문화에 그 영향이 심대하며 온돌의 변천사는 한민족의 주거문화의 지속과 변화를 보여주는 귀중한 사례이다.

그렇기에 이 책은 먼저 온돌과 마루를 동시에 포함하는 한옥의 가장 중요한 속성인 온돌과 구들의 뜻과 기원에 관하여 논하고, 아자방 온돌을 통하여 온돌의 형태와 구조 사용법에 따른 한옥과 좌식문화의 현대적 가치와 상생사상에 관한 기록이다.

한옥의 온돌

일반적으로 온돌은 바닥에 불을 때서 구들장을 데워 난방을 하는 방법으로 알려져 있지만, 역사적으로 보면 지역에 따라 만드는 방식과 구조 형태에 따라 여러 종류의 온돌이 존재하여 문화의 다양을

보여준다.[2]

온돌문화는 땔감이 부족한 지역에서 혹독한 겨울을 나기위해 밥을 지으면서 그 남은 열로 바닥을 데우는 취사를 겸한 바닥난방방식을 일컫는다. 겨울이 오기 전 일 년 내내 틈틈이 구들장을 준비해 두었다가 가을 추수가 끝나면 마을에서는 집집마다 지붕 이엉잇기와 더불어 구들놓기가 이루어 진다. 오랜 시간동안 한국인은 주변 자연환경에 맞추어 작은 방에서도 여러 사람이 함께 생활 할 수 있는 온돌좌식문화를 유지하고 발달시켜왔다. 그리고 근대화에 더불어 새롭게 도입된 아파트 문화에서 조차 현대온돌 방식을 좌식문화와 침대와 의자 등을 사용하는 입식문화를 조화롭게 창조적으로 발전시켜왔다.

그간 온돌에 대한 연구가 여러 분야에서 이루어져왔지만 온돌과 구들의 기원에 관한 연구는 있지만 그 현대적 가치과 그에 따른 상생사상에 관한 전문적인 연구는 다소 미흡하다.[3] 이러한 상황에서 한민족 온돌과 좌식문화의 일반특성을 기술하고 현대적 가치를 서술하는 것이 본래의 주제이다.

---

2 김준봉 외, 〈온돌의 구조와 원리〉, 국제온돌학회 논문집 제10권, 2011

3 최근 온돌에 대해 대표적인 논저로는 김남응, 〈문헌과 유적으로 본 구들이야기 온돌이야기〉, 단국대학교 출판부, 2004 : 송기호, 〈한국고대의 온돌 - 북옥저, 고구려, 발해 - 〉, 서울대학교출판부, 2007 : 최덕경, 〈온돌의 구조 및 보급과 생활문화에 끼친 영향〉, 농업사연구 제7권 2호, 농업사학회, 2008. 12.를 들 수가 있다. 김남응의 특징은 한반도 전역의 온돌유적과, 그 간의 온돌관련 문헌사료를 번역제공하고 있으며, 송기호는 주로 한반도 북부인 중국동북지역와 북옥저지방에서 출토된 구들 유적을 도면과 함께 분석하고 정리하였다. 최덕경은 앞의 두 자료와 김동훈, 〈조선민족의 온돌문화〉, 비교민속학, 21집 등을 종합하여 온돌의 발생과 보급 생활문화에 끼친 영향을 폭넓게 고찰 하였디. 히지만 세 논문 모두 현재까지 남아서 사용되고 있는 온돌과의 연관성에 의한 해석에 있어서는 온돌자체의 기술적 한계로 미흡한 실정이다.

3. 온돌의 뜻과 유래

이름과 용어정의

먼저 지금까지의 온돌에 관한 정의의 보면, '방바닥에 불을 때서 구들장을 난방을 하는 장치'라고 설명하고 있다. 그러나 실생활에서는 온돌과 구들이 많이 혼용되어 사용되고 있는데, 지금 아파트에서 사는 사람들도 온돌방에서 산다고 얘기하고, 흔히 식당이나 호텔 등 숙박시설에 묵을 때도 '온돌방을 드릴까요?', '침대방을 드릴까요?'하고 구분하여 부른다. 그래서 온돌은 현재 생활에서 쓰는 단어와는 사전적인 용어와는 다른 의미로 표현되고 있다. 그리고 '구들'이라는 순 우리말을 溫突(온돌)이라는 한자어를 빌려 쓰기 때문에 온돌과 구들은 뜻이 같은 말이 된다. 즉 '구들'은 순 우리말로 언제부터 사용되었는지는 확실치 않으나 구들이 처음 만들어졌을 때로 가정한다면 아주 오래전에 사용되었다고 볼 수 있으며 '온돌'은 조선시대에 비로소 훈민정음이 만들어져서 '구들'이 한자어로 표기되면서 온돌(溫突)이란 단어로 표기되기 시작하였다고 볼 수 있다. 이후 일본과 서양의 나라들은 한국의 고유한 온돌을 자기나라의 다른 말로 표현할 길이 없어 'Ondol'로 표현하였다. 그래서 온돌이 곧 구들이며 구들과 온돌은 같은 말이라 할 수 있다. [4]

결론적으로 '온돌'은 '따뜻함이 바닥에서 돌출하여 배어 나온다.'라는 뜻으로 설명하는 것이 가장 타당하다. 흔히들 온돌을 '따뜻한 돌'로 종종 설명하는데 이는 우리 전통 온돌을 오해한 것이다. '따뜻

---

4 김준봉·문재남·김정태,《온돌문화 구들 만들기》, p.14, 청홍, 2011

'千年의 秘密' 아자방 온돌

한 돌'의 의미라면 아마도 '온석(溫石)' 이나 '난석(暖石)'으로 썼을 것이다. 그러나 굳이 '돌(突, 堗)' 혹은 '온돌(溫突)', '난돌(煖堗)'이라 쓴 것은 구들이 당시 중국에는 없는 것이어서 처음으로 구들을 차음한 한자어 돌(突 혹은 堗)자를 쓴 것으로 여기진다. 우리의 전통 온돌이 돌을 다루는 기술보다는 불을 다루는 기술이기 때문이다. 불을 이기는 것은 '돌'이 아니고 '흙'이기에 온돌을 만드는 장인을 '토수' 혹은 '구들편수', '니장(泥匠)'이라고 불렀다. 즉 전통구들은 흙을 이용하여 불을 다루고 가두는 한국 고유의 전통난방기술로 따뜻한 기운이 위로 올라가는 자연스런 난방법이고 발을 따뜻하게 머리는 차게 유지하는 - 두한족열(頭寒足熱) - 건강건축이다. 지금 현대인들의 황토구들방이 건강건축을 추구하는 현대인들에게 가장 저렴하고 좋은 전통한옥이다.

온돌의 유래

구들의 유래는 민족학자인 손진태가 그의 저서 '온돌예찬'에서 처음 '구운 돌'에서 유래되었다고 주장했는데 아마도 민속학자이기 때문에 불을 가두는 흙의 기능보다는 당시에는 '구들장'이 일반적으로 온돌에 널리 사용되었기 때문에 그렇게 주장 하였을 것으로 생각된다. 하지만 구들은 '돌의 기술'이라기 보다는 '불을 가두는 흙의 예술'이기에 '구운 돌'보다는 '구운 들'이나 '굴 → 구울'에서 유래되어 구들로 되었다고 보는 것이 더 설득력이 있다. 왜냐하면 돌은 우리 전통건축에서는 집안에는 사용하지 않았고 돌은 뜨거우면 데이게 되고

차가우면 턱이 돌아가는 질병을 얻게 되기 때문이다.[5]

　현재 발견된 가장 오래된 고래가 있는 온돌은 3000년 전 알래스카 알류우산 열도의 아막낙섬에 있는 고래뼈로 일부 이루어진 구들이고, 한반도 북부의 북옥저 유적이 고래와 구들장이 있는 유적인데 B.C. 300년 경으로 추정된다. 그러나 두만강하구의 서포항 집터의 고래가 없이 돌과 진흙으로 된 구들 유적은 신석기 시대인 B.C. 3000년경으로 현재 가장 오래된 바닥을 따뜻하게 데우는 초기온돌이다.

중국의 캉과 온돌의 차이

　중국 동북부지방의 대표적인 실내 난방방식은 캉(Kang, 항 炕)을 통한 난방이다. 이는 우리 온돌과 비슷하게 바닥을 데우는 방식으로 직접 실내에서 불을 때면서 침대처럼 생긴 구들[6]을 먼저 데우고 그 열기로 방안 공기를 데우고, 불을 쬐는 형태로의 난방방식이다. 이는 방의 일부를 방열함으로 인하여 방을 넓게 쓰지 못하고 침대가 있는 부분과 입식생활 거실부분으로 분리해서 사용하는 형태를 띤다. 이 때 방열되는 온도는 우리의 구들과 같지만 입식생활을 하기 때문에 실내의 온도는 서양의 벽난로 난방과 같은 온도를 형성한다.

　이에 반해 우리의 온돌은 좌식생활을 기본으로 하기에 중국의 입식생활형 구들과는 다른 형태를 갖고 있다. 우리의 온돌은 중국의

5　우리조상들은 집 내부에는 흙과 나무만 쓰고 돌은 외부에 쓰거나 내부에 쓰면 흙을 덮어서 사용했다.

6　입식형 구들로 방의 한쪽부분에 설치된 높은 온돌로 신영훈씨는 이러한 구들을 '쪽구들'이라 명하였다.

캉과는 다르게 불을 밖에서 때기 때문에 거주영역과 열원이 분리되어 연기가 집안에서 형성되지 않게 되어있고, 방전체가 하나의 평평한 바닥으로 되어있어 공간을 더 넓게 쓰고 다목적으로 쓸 수 있다. 또한 좌식 접촉난방으로 실내에서는 바닥온도로 체온을 유지하기에 다소 낮은 실내온도에서도 쾌적감을 유지할 수 있다. 결국 바닥을 따뜻하게 데워 난방을 하는 고대 초기의 온돌은 크게 두 종류로 나눌 수 있는데 하나는 바닥을 평평하게 유지하는 방식이고, 또 다른 하나는 바닥을 돌출시켜 단차를 두고 난방을 하는 방식이다. 이것은 실내생활습관의 차이로 발생되는데 천장이 낮고 작은 주거로서 앉아서 생활할 수밖에 없는 환경일 때는 바닥을 평평하게 하는 '낮은 구들방식(통구들)'이고 실내에서 신을 신고 입식생활을 위주로 할 때는 천장이 높아지고 실내의 단차로 인하여 집의 규모가 커질 수 있을 때는 '높은 부분구들방식(쪽구들)'으로 되었다고 볼 수 있는데[7] 이 두 방식은 현재에 이르기까지 전수·발달되어 한반도 지역은 주로 '낮은 구들방식(통구들)'으로 그리고 한반도 북부지역을 비롯한 다른 지역은 '높은 구들방식'으로 전수되고 있다. 현재 한반도 북부지역인 중국 연변 조선족 차치주의 구들의 경우를 보면 극명하게 대비가 된다. 쪽구들 방식과 통구들 방식이 혼재하고 있는데 민족에 따라 주로 조선족은 통구들로 쓰고 한족(漢族)은 거의 대부분이 쪽구들 방식

---

7   신영훈은 이러한 '높은 부분구들방식'을 '쪽구들'이라고 불렀는데 이는 좌식실내탈화평상 생활을 하는 우리민족과 실내입식착화생활을 하는 한족(漢族)과의 차이를 두지 않고 우리 구들의 일종으로 보았으나 지은이는 생활 습관과 사용방법, 용어가 다 다르기에 소위 쪽구들이라 부르는 중국의 캉과 우리 구들을 구분하는 것이 타당하다 여겨진다.

을 쓰고 있는 것을 볼 수 있다.[8] 그리고 이 두 구들 방식이 서로 영향을 주고 변하고 있는데 주로 통구들 방식에서 쪽구들 방식으로 변하는 양상을 보이고 있다. 이는 기존의 고대 온돌을 연구하는 여러 학자들의 주장[9]처럼 '쪽구들에서 통구들로 발전하였다.'는 주장이론과는 다른 변화 양상을 보이고 있다.

이는 흔히 온돌문화와 좌식생활과의 관계를 볼 때 온돌문화가 좌식생활을 유도한 것처럼 설명되기 쉬우나 사실은 좌식생활이 온돌을 발전시켰다고 보는 것이 타당하다. 왜냐하면 입식생활을 위주로 하는 지역에서는 상대적으로 온돌이 더 정교하게 개발될 필요가 적어지고 온돌이 더 넓어지거나 발전하지 못하고 입식생활에 편리한 라디에이터(Radiator)나 공기 조화 방식으로 전환되고 발전되었기 때문이다. 즉 고구려나 북옥저, 발해 등 한반도 북부지역에서 사용되었던 '높은 구들형 쪽구들'은 방전체를 데우는 '낮은 구들형 통구들'로 변하지 않고 계속 입식형태로 현재까지 중국에서 사용되고 있는 것은 그들의 생활방식이 실내에서 신을 신고 사는 의자, 침대식 생활양식이었기 때문이다. 이에 반하여 한반도 지역에서 주로 사는 한민족은 낮은 지붕과 작은 집에서도 여러 명이 생활할 수 있게 실내에서는 신을 벗고 좌식생활을 하였기에 낮은 구들형태인 통구들을 발전시켰다고 보는 것이 타당하다. 이것이 현재에까지 영향을 미쳐 침대와 의자가 들어와 입식생활을 하는 지금까지도 실내에서

8   김준봉, 《중국 속 한국 전통민가》, 청홍, 2006

9   송기호·김광우·김선우 등 공통적으로 쪽구들형태에서 통구들형태로 발전했다고 주장하나, 원시형구들을 유지하고 있는 중국 동북쪽의 경우를 보면 반대방향 즉 통구들이 쪽구들로 변해감을 쉽게 볼 수 있다. (좌식에서 입식으로 변화)

'千年의 秘密' 아자방 온돌

는 바닥 전체를 따뜻하게 하여 신을 벗고 생활하는 낮은 구들방식을 유지하게 되었다고 설명될 수 있다. 아자방 온돌이 이러한 통구들과 쪽구들이 한 공간에 혼용되어 있는 다소 특별한 온돌이다. 즉, 참선과 용맹정진을 위하여 입식과 좌식이 겸용된 온돌이라 할 수 있다.

벽난로와 온돌의 차이

외국의 대표적인 실내 난방방식은 벽난로를 통한 난방이다. 이는 직접 실내에서 불을 때면서 공기를 데우고, 불을 쬐는 난방방식이다. 이는 국부방열식으로 인해 인체의 옆면 또는 앞쪽에서 방열하는 형태를 띈다. 이 때 방열되는 온도는 높은 온도의 증기이거나 불꽃이 내뿜는 복사열이기 때문에 매우 높은 온도를 형성한다. 벽난로의 경우 연소가 끝난 후에는 더 이상 방열이 되지 않는다. 벽난로가 공기를 데우는 대류난방방식으로 난방열을 갖고 있는 더운 공기가 자연스럽게 위쪽으로 올라가고 사람이 거주하는 아래쪽 영역은 차가워지는 단점을 가지게 된다.

이에 반해 우리의 온돌은 지극히 다른 성향을 갖고 있다. 우리의 온돌은 거주영역과 열원이 분리되어 있고, 방열방법 역시 방바닥 전체인 면 방열식이며, 연소가 끝난 이후에도 축열체를 통해서 계속적으로 방열이 이루어지는 전시간 방열형태이다. 이러한 방열구조에서도 전체적으로 낮은 온도에서 방열하는 특징을 갖는다. 또한 바닥면에서 방열이 이루어지므로, 복사열로 대류 억제 난방이 이루어지며, 구들방바닥을 따뜻하게 유지하는 것으로 가옥 아래쪽이 따뜻하게 유지된다. 이를 통해 두한족열이라는 이상적인 체온의 형태를 유지할 수 있도록 만든다.

4. 온돌과 좌식문화의 현대적 가치

온돌의 친환경적 가치

일반적으로 탈화 생활을 하는 경우 방바닥 쾌적 온도는 32도 정도이다. 여기에 침대생활이 아니고 바닥에 요를 깔고 이불을 덮어 온도를 재면 그 속은 50도 가까이 올라간다. 이불이 축열재와 단열재의 역할을 하게 되기 때문이다. 그러나 온돌이 아닌 일반적인 서양식 침대 시트 속 온도는 20도가 채 안 된다. 그래서 온돌 생활에 익숙한 사람들은 온돌침대같이 전기로 덥히는 침대가 또 필요하게 된다. 요즘은 온돌방에도 입식생활을 원하는 현대문명에 대한 보상심리처럼 침대를 놓는 경우가 많다. 전통온돌을 놓은 방에 침대를 들이는 것은 짚신에 양복 입은 격이 되고 시멘트와 같은 독성물질이 많은 재료로 전통 온돌 방바닥을 만든다면 마치 비닐로 한복을 만들어 입는 것과 같게 된다.

우리 선조들의 공간과학은 앉은키에 서있는키를 더한 높이가 천장이었고, 이것이 지금의 거실이고 마루공간으로 우리 건축의 천장 기준이었다. 드높은 기상을 위해서는 궁궐에서처럼 높은 천장이 필요했고 지금도 대형 건물은 주현관 로비층의 천장이 높게 형성되는 것을 볼 수 있다.

건강을 위해서는 음식을 통한 영양섭취가 가장 중요하겠지만, 호흡을 통한 신선하고 깨끗한 공기의 섭취 또한 건강과 직접적으로 연결되어 오염되지 않은 공기와 대기 중의 미량 원소들, 그리고 '피톤치드'같은 숲속 물질 등이 인체에 미치는 영향과 그 중요성에 대한 의학계의 연구 보고가 있으며, 온돌을 통한 건강을 살펴 볼 때, 황토

'千年의 秘密' 아자방 온돌

로부터 나오는 원적외선을 쪼인다든지 뜨끈한 찜질 효과를 본다든
지 하여 추울 때 바닥부터 올라오는 쾌적함이 행복감을 더해주기도
하거니와 한편에서는 특수한 구들을 이용하여 수십 가지 약재들을
고임돌에 담아 양생(養生)과 질병치료 등에도 활용하기도 한다. 한겨
울 추운 바깥에서 실내로 들어오면서 기온차이로 생기는 히트 쇼크
(Heat Shock)는 서구식 난방에서 생긴 것으로 죽음에까지 이를 수 있
다지만, 구들방에서는 호흡에 직접영향을 주지 않는 피부 접촉 난방
이므로 걱정할 이유가 없다.

아랫목과 윗목이 있는 겸손과 배려의 생활을 유도하는 가치

한옥의 전통온돌은 아랫목과 윗목의 온도차로 인한 대류현상이
일어나는 방안에 국지기후가 발생하여 방의 쾌적도를 더욱 높인다.
침대가 없으므로 방을 여러 가지 기능으로 이용하는 문화가 정착되
고 이러한 좌식생활은 여유가 있는 생활을 유지하면서 끈기를 배우
는 문화를 탄생시키게 된다. 또한 따뜻한 아랫목이 윗사람의 자리가
됨으로서 생활 속에서 위아래를 아는 예의바른 문화를 창출한다. 또
아랫목은 온 가족이 모여 앉아 집안의 화목을 다지는 필수공간이기
도 하다.

이와 같이 한옥은 온돌로 실내외(방과 마당)를 구분하고 방안에서
는 아랫목과 윗목을 다시 구분하여 청결함과 건강함 그리고 위계와
질서있는 편안함을 유지하였다. 추운 겨울에는 온 가족이 아랫목에
모여앉아 군밤과 군고구마를 먹으며 가족애를 키웠다. 요즘처럼 큰
집에서 각방을 쓰며 가족 간의 내화가 단절되어가고 있는 지금 진정
한 가족성의 회복을 위하여 따뜻한 온돌방 아랫목이 다시 그리운 건

아마 당연한 생각이리라. 또한 우리 한옥은 현대양옥과는 달리 단열이 별로 안되는 것이 보통이다. 그래서 현대인들이 겨울을 나기에는 부족한 단열성능 때문에 적합하지 않지만 안방에는 따끈한 아랫목이 있어 충분이 대가족이 겨울을 나게 된다. 체온을 빼앗기면 면역능력이 떨어지기 때문에 체온을 보존하기 위한 장치가 난방의 주목적이다. 예로부터 일본은 온천으로, 핀란드는 사우나로, 우리는 온돌로 겨울을 났다. 서양의 경우는 추워지면 돼지나 개, 고양이 등 동물들을 품고 자면서 추위를 달랬다. 겨울잠을 자는 곰은 먹이가 부족한 시절에 에너지를 적게 사용하여 겨울을 난다. 우리의 집도 추운 겨울에 아랫목에 모여 작은 공간을 난방하며 겨울을 나는 지혜가 있다. 현재 우리의 생활은 아랫목도 없고 방바닥이나 실내공간이나 온도가 거의 같이 유지되면서 입식생활문화로 바뀌어 있다. 윗자리가 없어진 생활문화는 아래위를 모르는 사람으로 만들게 되었고, 금방 이동이 가능한 입식생활문화는 기다리지 못하는 조급한 심성으로 바뀌게 되었다. 아랫목에 발을 묻고 오손도순 지내던 가족문화의 흔적은 사라지게 된 실정이다. 항상 이불을 깔아 놓는 침대문화는 진드기 등의 서식처를 제공하게 되어 새로운 질병을 유발하게 되었고, 건조하고 위가 방바닥보다 뜨거운 실내환경은 감기에 걸리기 쉬운 상태를 제공하게 된다.

편리함보다는 편안함을 추구한 좌식문화 온돌

고향에 계신 부모님이 겨울에 나무를 해서 불 때는 모습이 안타까워 효성스런 자녀들이 시골에 기름보일러를 놓아 드리면, 농촌에 계신 부모님은 기름값이 아까워 추운 방에서 계시고 매일 나무하러 뒷산에 오르지도 않아 활동이 급격히 떨어져서 쉬이 병들어 돌아가신다는 이야기가 있다. 온돌은 나무를 때는 불편함이 수반되어 편리함보다는 편안함을 추구한다.

우리민족은 예로부터 구들에서 태어나서 구들에서 자라고 구들에서 죽는다고 했다. 죽은 후에 제사상도 구들에서 받게 되기에 실로 요람에서 무덤까지 구들에서 살았다고 해도 과언이 아니다. 이와 같이 온돌은 의식주생활에 깊숙이 뿌리내린 우리의 귀중한 문화유산이다. 우리 어머니들은 아궁이에 불을 때며 넉넉히 산후조리를 대신했다.

다 큰 총각이 일은 하지 않고 집에서 빈둥거리면 놀고 있을 때 '맨날 구들장만 지고 있다.'하거나 '과부집 생활은 굴뚝을 보면 안다.'고 하여 어려운 살림살이로 밥을 제대로 해먹지 못하는 과부의 어려움을 묘사했다. 우리민족의 모태는 온돌이자 구들이다. 단순한 편리함보다는 마음속 깊이 어머니의 자궁같은 편안함이 바로 온돌이다.

아파트의 현대온돌로 이어온 온돌문화전통

온돌과 구들은 가열방식과 가열재료, 그리고 바닥고래의 유무, 열매(熱媒, 온수 등)의 순환유무 등에 따라서 분류할 수 있는데 가열방식으로는 발열부에 직접 전기나 불을 이용한 직접 가열방식과 간접가열방식 즉 외부에서 별도의 보일러를 이용하여 가스나 전기, 기름으로 물을 데워 순환시키는 방식이 있다. 고래의 유무에 따라서는 고래가 있는 경우와 고래가 없는 속칭 '멍텅구리 구들'이라고 불리는 구들과 현대에 개발된 온수온돌, 전기온돌 등으로 나눌 수 있다. 고래에 열을 전달시키는 방법도 직접 불을 이용하는 경우와 온천수같이 온수를 흘려보내 온도를 올리는 방식이 있다. 그리고 가열 연료에 따라서는 나무나 석탄, 석유, 가스, 전기 등 다양한 연료가 있고 온수 온돌[10]의 경우도 물이 계속 돌아가는 순환형과 관의 양쪽을 폐쇄한 비순환형으로 나눌 수 있다. 지금 현재 널리 사용하고 있는 방법인 보일러를 사용하거나 전기의 발열을 직접 이용한 온돌이나 온수를 열매로 하는 간접난방 온돌의 경우는 사전적 정의인 '온돌'에서는 제외되는 경우가 생기게 된다. 결국 현재 온돌이나 구들의 사전적 정의는 어디까지나 과거의 구들과 온돌에만 적용되고 현재의 온돌에는 적용되지 못하는 모순을 갖게 된다. 요즈음 우리가 아파트에서 온수 보일러 바닥 난방을 사용하는데, 그 보일러를 이용한 난방으로 전기를 이용하거나, 가스 혹은 기름을 이용하여 물을 데워서 사용하는데, 엄연히 이것도 과거의 아궁이가 보일러 시설로 바뀌었을 뿐이므로 (대한민국 사람들은 아직도 대부분 온돌에 산다고 이야기 한다. 전통온돌의 아궁이가 보일러가 되는 셈이다.) 아파트의 바닥난방이라도 당연히 전통온돌이 현대적으로 발전한 이 시대의 현대온돌이라고 할 수 있다. 우리가 현재는 온돌에 살지 않는다고 말하는 것은 맞지 않기 때문이다. 특히 우리의 온돌은 바닥접촉과 탈화를 근간으로 하고 있어 서양의 공기를 데워 난방하는 패널 히팅(Panel Heating) 방식과는 차이가 있다.[11] 결론적으로 온돌과 구들은 같은 뜻으로 직접가열을 하

---

10 '온수 온돌'은 직접 불을 때지 않고 데워진 온수나 온천수를 이용한 온돌이고, '구들 온돌'은 불을 직접 때는 직화방식의 전통온돌로 설명할 수 있다.

11 서양의 패널히팅과 우리의 현대온돌은 구조상 비슷하지만 그 내용으로 보면 본질적인 차이가 있는데 그것은 서양의 패널히팅은 공기를 데우는 것이 1차적 목적이기에 공급온도가 스팀일 경우 100도씨 이상이고 온수라 할지라도 80도씨 이상의 고온인 난방을 추구한다. 온도조절용 감지기도 서양의 난방은 1.5m 정도의 높이에 설치한다. 반면에 우

'千年의 秘密' 아자방 온돌

든 물 등으로 간접가열을 하든, 또한 연료에 상관없이 바닥을 따뜻하게 한다면 모두 온돌로 정의되어야 마땅하다. 이는 선사시대 이래 지금까지 우리 한민족이 온돌의 전통과 역사를 줄기차게 계승해 왔기 때문에 근래에 발달한 연탄구들과 초기 아파트에서 사용하던 연탄아궁이 화덕보일러(일명 새마을 보일러) 등 지금의 전기온돌까지도 현대화과정에서 사용되었던 과거와 현대의 중간적 온돌로 모두 우리 온돌이고 온돌문화전통이다.

5. 건강건축으로의 가치

구들이라고 불리는 온돌은 한국인에게 거의 100%가 사용되는 주거의 보편적 난방법이다. 이러한 온돌난방은 서양의 난방처럼 단순히 실내의 기온을 상승시키는 방법만이 아니다. 특히 공기의 온도를 상승시킬 뿐만 아니라 접촉을 통한 쾌적도를 증가시키는 것이 아주 중요하다. 보건의학적으로 보더라도 피부접촉으로 온도를 유지시킬 경우 혈액순환 등 신체건강에 영향을 미치는 강도와 범위가 서양의 공기조화방법이나 라디에이터 방식과는 다르다. 특히 이불을 덮고 수면을 취할 경우도 온돌 난방의 경우는 체온보다는 접촉으로 인한 열공급이 주로 되기 때문에 침대나 다다미와 다르게 몸 전체의 기온에 영향을 미친다. 그렇기에 온돌이 실내의 기온이 비록 낮게 유지

리 온돌은 바닥을 데워 접촉에 의한 쾌적감을 유발하는 것이 1차적 목적이기에 공급온도가 섭씨 40~50도의 중,저온 난방이며 감지기도 방바닥에 설치하여 바닥온도가 체온을 기준으로 조절하는 것이기 때문에 서로 차이가 있다.

되어도 쾌적감이 다른 난방에 비해 좋은 것을 알 수 있다. 이러한 온돌 난방은 한민족 문화의 근저를 이루는 전통 주거문화이고 두한족열의 동양 신체 건강 원리를 잘 이용한 웰빙 건강 난방법이다. 또한 좌식문화를 정착 및 발달시켜 입식문화와는 다른 민속 문화를 발전시켰다. 우선 좌식 문화는 손을 많이 사용하므로 우리 전통 춤에서 보듯이 발을 많이 사용하는 서양의 춤과는 달리 부드럽고 친근한 손의 섬세함을 많이 강조 하는 특징이 있다. 손을 많이 쓰면 치매가 예방되고 머리가 좋아진다는 의학적 많은 연구가 있다.

역사로 본 건강온돌

온돌은 단순한 난방방법이기 이전에 건강을 위한 도구라 할 수 있다. 왜냐하면 온돌은 과거 오래 전부터 질병 치료의 효과를 인정 받아왔기 때문이다. 역사적으로 보더라도 조선시대 광해군은 대궐안의 황토방에서 종기를 치료했다고 하며, 세종 때 간행된《구황촬요(救荒撮要)》에는 "뜨끈한 구들방은 병을 치료 하는데 아주 요긴한 시설이다."라고 되어 있다(세종 20년 5월 경상도 감사에게 전지하기를, "전 절제사 이씨 형제가 분묘를 지키는 데 있어 온돌에 자게 하여 병이 들지 않게 하고."라 하였다).[12]

당시 습기로 고생하여 세종은 궁 안에 구들방 초가를 만들어 수시로 기거했다는 기록도 있으며 동의보감에도 온돌이 질병치료에 도움이 된다고 씌어 있는 것을 볼 때, 오랜 기간에 걸쳐 검증된 이상적인 난방법 임을 알 수 있다. 온돌은 통상적으로 실내온도만을 올리

---

12 조선왕조실록, https://sillok.history.go.kr/id/kda_12005029_001, 국사편찬위원회

는 난방방법과는 달리 바닥표면 자체를 덥히는 방법으로, 앉거나 눕거나(坐臥起居)하여 인체를 직접 바닥의 열전도에 의하여 따뜻하게 하는 독특한 난방 방법이다. 그러므로 이때의 인체의 온도감각은 다만 실내공기의 성상(性狀)뿐만 아니라 구들, 또는 온돌의 바닥면 온도의 영향을 매우 받는다는 것은 더 말할 것도 없다. 그러므로 이때의 최적 환경조건, 즉 흔히 말하는 쾌감대로 되는 것도 통상의 난방방법의 경우와 같이 환경공기의 성질과 상태만에 의해 결정되야 하는 것뿐만 아니라, 이것과 바닥면 온도와의 조합에 의해 결정 되어야 하는 것이다.

특히 수면은 생활과정에서 부족할 수 없는 우리의 건강상 중대한 문제로 취침 방법 및 난방방법을 보건상 최적(最適)의 상태로 유지하고자 한다. 다양한 생활 양식 중 온돌은 쾌적한 생활을 유지하여 건강유지에 결과를 이끌어낸다. 과거 민간에서도 아이를 낳고는 뜨끈한 아랫목에서 산후조리를 하였으며, 자칫 잘못하여 차가운 방에서 지내게 되면 중풍이나 심한 부종 등에 시달려 고생했다던 예가 많았다. 다만 서구에서는 산모들이 해산 후 곧바로 찬물로 몸을 씻기도 한다는데 우리 민족의 경우는 체질상 산모에게 차가운 물이나 바람은 산후풍이 든다 하여 금기시 했던 것이다.

온돌의 이불 속 온도와 위생학적 장점

일제 강점기에 만주의과대학 현규환 박사가 근무했던 위생학교실(三浦 미우라 교수)의 '동계(冬季) 이불 속 기후의 위생학적 연구'에서 '비난방(非暖房) 때의 이불 속 기후(氣候)와 온감(溫感)'과 '난방(暖房)때의 이불 속 기후와 쾌적감'을 고찰하는 바 이불 속에서의 생활시간은 우리들 전 일생의 1/3을 차지하며, 특히 수면은 생활에서 중요한 조건으로 보아 취침 때의 생활환경인 실내 기후가 어떠한 지는 보건의학상 중요한 문제이므로 취침 시 이불 속의 온감과 난방시설과의 관계를 연구하였다. 특히 사계절 중 겨울이 특히 추운 지방에서 동절기 보건상 이불 속 기후는 침대 및 다다미, 구들 등 각종의 취침방법 및 난방방법에 의하여 갖가지 영향을 받는다. 따라서 보건위생상 최적(最適)의 이불 속 기후를 얻기 위해 노력하였고, 이 연구에서 일상생활을 바탕으로 각종의 생활양식 즉 구들(온돌), 다다미, 침대 등의 생활에서 침상의 조건 및 난방방법에 따라 이불 속 기후가 어떤 영향을 받는지, 난방의 유무에 따라 상황을 관찰하여 비교 검토하여, 그 결과로 추운 지방에서의 동절기 야간 침상 때에는 다다미가 제일 불량한 입장에 있다고 결론지었다. 즉 난방과 동시에 열의 대류와 환기에 의하여 방바닥면의 냉기 때문에 이불은 언제나 한기로 저온고습 상태에 있다. 그런데 온돌은 바닥에 불을 때기 때문에 방바닥면의 열전달에 의해 이불 속 온도를 높이기 때문에 보건위생상 야간 침상 때의 난방법으로서 가장 유리하다는 결론은 얻었다.

두한족열과 수승화강(水昇火降)의 원리를 따르는 온돌

구들방 위에 서 있으면 발바닥이 따뜻하고 앉으면 아랫도리의 혈액순환을 촉진시키면서 심리적으로도 쾌적함을 느끼게 하여 기분을 좋게 한다. 의학용어로 '피부혈관 반사'가 잘 되었다고 한다. 기분이 좋으면 뇌에서 엔돌핀과 도파민과 같은 물질들이 다량 생성됨으로 면역력이나 병균 퇴치력을 강화되고 건강을 유지하게 된다. 또 앉은 상태로 아궁이에 불을 피울 때에는 아랫도리가 원적외선에 쪼여져

부인병의 예방이나 치료에 좋다.

구들방의 복사열은 공기 중 수분함량에 영향을 미치지 않으므로 가습장치가 따로 필요 없으며, 복사열의 전달과정에서 먼지와 각종 바이러스가 공기를 타고 순환하는 것을 줄여주므로 천식환자에게는 특히 유리하다. 농약과 비료로 황폐해진 밭이 아니라 유기질 퇴비로 땅심이 좋은 밭에 비유된다. 자연 상태에서는 물방울들, 예를 들어 비나 파도의 물방울이 땅으로 떨어질 때 그 속에 음이온이 생긴다. 음이온은 먼지나 공기 중에 떠다니는 불순물들을 끌어 당겨서 바닥으로 떨어지는 특성이 있어, 공기는 맑아지고 산소의 이동은 쉬워 비 온 뒤 공기가 상쾌하게 느껴지는 것이다. 이러한 원적외선도 음이온도 모두 건강한 환경을 만들어내는 자연의 비타민이다.

온돌은 복사열이기 때문에 높이에 의한 실내 온도 차이가 거의 없으며 상하의 온도 차이는 섭씨 1도 이내이고 온돌 표면 온도는 섭씨 30도를 유지하여 실내 주거 생활의 최적 상태를 유지 한다는 것을 알 수 있으며, 두한족열(頭寒足熱)의 가장 이상적인 건강상태를 유지할 수 있다. 물 기운은 올라가고 불기운은 내려가야 생명력이 활성화 되는 것이 수승화강(水昇火降) 상태이다. 이와 같이 온돌은 또한 실내에서 재나 먼지 등이 발생되지 않아 폐기관의 건강에 문제를 불러일으키지 않는다는 장점이 있으며 최근 유럽의 몇몇 병원에서는 중환자실에 구들을 응용해 사용할 만큼 그 효과도 뛰어나다고 한다.

온돌방의 면역력 향상기능

온돌방은 신체를 최대한 바닥에 밀착시킨 접촉난방으로, 벽난로처럼 불을 연소시키는 아궁이가 방안에 없어 산소가 충분하며 방안이 쾌적하고 앉았을 때에는 둔부, 허벅다리 등 혈액순환이 잘 되지 아니하는 신체의 하체부위가 직접적인 전도열을 받아 따뜻해지고 혈액순환을 촉진시키며, 누운면의 경우 신체의 혈액순환이 살 되지 아니하는 배면(등)이 온돌에 밀착되어 방바닥에서 등으로 직접적인 전도열로 따뜻해진다. 이불을 덮으면, 요보다는 이불이 크기 때문에 온돌에서 방열된 열이 이불 속에 가두어져서 이불 속은 마치 열주머니와 같이 몸의 열이 올라가 모세혈관이 팽창되므로 혈액순환이 잘 되고 땀까지 나오게 되어 매일 자면서 목욕하는 효과가 있게 된다. 따라서, 피로에서 오는 몸살, 감기 등의 웬만한 병은 구들방에 누워 땀을 내면 거뜬해지고, 신경통, 관절염, 냉, 소화불량 등의 병을 치유하는데 큰 효과가 있다. 또한 구들방에서 이불을 펴고 개는 것은 생활의 청결함과 정갈함을 제공한다. 또한 낮에는 저장된 열을 방안에 넓게 퍼지게 함으로서 생활의 편의를 제공하며, 온돌바닥은 땅의 습기를 적당히 받아가며 열을 방열하므로 방바닥은 따습고 실내온도와 습도는 적당히 유지된다. 한번 불을 때면 석달 열흘간이나 온기를 지속했다는 칠불사 아자방 구들은 신라시대 담공선사가 놓은 구들로 전해지는데 우리 전통구들의 꽃이다. 아직 기력을 회복하는 찜질방에 놓는 매화구들은 그 구조와 효능이 신비롭기만하다.

온돌방은 새집증후군이 없는 건강건축이다

요즈음 짓는 집을 관찰해보면 시멘트 콘크리트로 부어가면서 굳히자마자 벽체가 올라가고 배선과 난방설비들이 설치되고, 문과 창호가 자리하면서 내부 치장으로 금새 말끔해진다. 하나같이 유기화합물이거나 환경호르몬 배출 등의 문제를 안고 있는 자재들인데 그

집에 들어와 사는 사람들이 숨 쉬면서 살아야 하는 한, 어쩔 수 없이 호흡기관부터 타격을 받도록 되어있다. 시멘트와 화학물질로 뒤섞여 있는 현대식 건축물에서 습도조절까지 안됨으로 하여 생기는 온갖 종류의 호흡기 질병, 특히 어린아이들의 피부 질환 문제 등을 볼 때, 우리의 주거문화가 잘못되어 있다고 보여진다.

"새집 증후군"이라는 말이 생기고 그 폐해의 심각성이 여러 매스컴을 통해 알려지기 시작한지 얼마 되지 않았으나 이미 수많은 피해사례들을 어렵지 않게 볼 수 있다. 미국텍사스 주립대보건대학원에서 조사한 주택의 포름알데히드(어지럼, 구토, 불임, 만성두통, 알레르기성 질환 등의 암 유발물질로 알려져 있는 화학물질)농도가 실외농도인 0.022ppm보다 실내 평균농도가 0.069ppm으로 높았는데 2년 미만 된 주택은 15년 이상 된 주택보다 무려 3배 이상 높게 나타났다.

이와 같이 현대주택은 겉으로 보기에 깔끔해 보여도 독성물질과는 무관한 황토구들방보다 좋은 점이 그리 많아 보이지 않는다. 옛날 황토구들방이 집집마다 있을 시절에는 두통, 감기 등에 걸렸을 때는 따끈한 구들방 아랫목에 이불을 덮고 잠을 자면서 온몸에 흠뻑 땀을 내면 거뜬해졌다. 한방치료법 중에서, 감기에 걸렸을 때 뜨끈한 아랫목에 곧은 자세로 앉아 아랫도리만 이불을 덮어 보온하고 방문을 열어 차가운 공기가 들어오게 하면 오래지 않아 땀이 나며 감기를 낫게 한다고 되어 있다.

침대에서 자면서 두툼한 이불을 덮어봐야 더 춥기만 하다. 바닥에서 올라오는 온기를 침대가 가로막아 따뜻한 기운이 없으니까 히터를 쓰든가 난방 온도를 높이게 된다. 따뜻한 기운을 느끼려면 이불이 얇아야 한다. 그래서 시트같이 얇은 천으로 외부의 온기가 들어오게 해야 한다. 게다가, 방안의 공기는 자연히 건조해진다. 황토방바닥을 옛날부터 체하거나 소화불량 등 각종 배앓이도 따끈따끈한 황토구들방 아랫목에 배를 깔고 엎드려 있으면 쉽게 나았다. 뿐만 아니라 웬만한 신경통이나 관절염, 등통, 종기 같은 것도 아픈 곳을 아랫목에 지지면 아픔이 사라졌다. 습도조절이 되고 있으니 피부병으로 고생할 일이 거의 없었고 습기로 인해 생기는 여러 질병들에 대해 미리 대처하는 지혜였던 것이다. 시멘트와 화공약품으로 범벅이 된 현대 주택구조에서, 침대가 들어가 있는 방은 어쩐지 배타적 비밀공간으로 느껴진다. 앉고 서기 어려운 노약자나 환자들을 위해서는 침대를 쓰는 것도 좋겠지만 좋고 나쁜 점을 골라 쓰는 지혜가 필요하다.

쾌적한 실내환경을 추구하는 좌식문화와 온돌

좌식생활을 유도하는 구들은 바닥을 데워서 더워진 공기가 주로 대류현상으로 상승하여 방안을 따뜻하게 함으로써 자연히 방 전체의 온도가 고르게 조절 되고, 돌과 황토로 이루어진 구들의 습도조절능력과 생체세포에 활력을 주는 원적외선 방사능력이 뛰어남으로하여 자연스레 건강한 환경을 만들어 준다.

구들의 발전이 한옥의 발전과 그 맥을 함께 했다는 말은 구들이 난방의 역할뿐만 아니라 가옥자체를 지키는 역할을 함께 하였기 때문이다. 한옥은 목조 건물로 이루어져 있는데, 목조 건물이 갖는 단점인 뒤틀림이나 병해와 같은 부분을 소독하고 건조하게 유지시켜주는 기능이 구들의 부차적인 역할이라 할 수 있다. 또한 연료를 태우는 공간과 난방을 하는 공간을 분리함으로써 위생적인 난방이 가능케 하였다. 실제로 생활공간 내에서 연소를 하게 되면 실내에 이 산화탄소나 입자상 오염 물질의 양이 늘어나게 된다. 실내 거주 공 간에 대한 이산화탄소나 미세입자들에 대한 기준이 존재하는데 우 리의 독자적인 난방방식인 온돌은 그 자체로도 현대적 실내 환경 지 표에 견줄 수 있는 난방이 가능하다.

열 쾌적성에 대한 관점으로 온돌이 갖는 실내 환경적 장점을 살펴 볼 수 있다. 현재 발표된 열 쾌적성에 대한 연구결과에 따르면 인체 가 열적으로 중립인 상태에 있는 경우에도 불쾌감이 발생할 수 있는 것으로 보고된다. 이러한 불쾌감을 발생시키는 주요한 원인으로는 불균일한 방사, 상하온도분포, 바닥온도 등으로 인체의 국부 온냉감 에 영향을 미칠 수 있는 요소들을 꼽는다. 대표적으로 상하온도차이 가 존재할 경우 국부 불쾌감이 발생하는데 기존연구에 따르면 머리 부위가 발부위에 비해 서늘할 경우 그 반대의 경우보다 불만족율이 낮으며 생리 및 심리반응 분석결과 신체가 열적으로 중립상태에 있 는 경우라도 머리부위 온도가 서늘하고 발 부위가 따뜻한 조건이 쾌 적한 조건으로 나타났다. 다음과 같은 연구결과를 온돌의 특징과 비 교해보면 단순히 아랫목에 누우면 따뜻하고 기분이 좋은 경험적 결 과가 아니라 과학적으로도 열 쾌적성 측면에서 유리함이 있는 난방 방식임을 설명할 수 있다.

6. 좌식문화와 온돌의 지속가능성과
상생건축으로서의 가치

탈화생활은 청결에 따른 상생생활 – 신을 벗음과 순종

우리나라 사람은 대게는 술에 취해서 길 위에 쓰러져 잠을 자도 인사불성만 아니라면 전봇대에 옷을 걸고 길바닥에서 신발을 벗고 잔다. 누가 따로 가르치지 않았다. 눕는다는 것은 이미 방안으로 인식되어 방에서는 당연히 신을 벗고 있어야 한다. 맨발로 있게 한 것이 바로 구들이다. 구들방의 깨끗함은 이미 정갈한 민족성과 연결되어 있었다. 건강은 좋은 영양도 필요하지만 더 중요한 것은 청결이다. 깨끗함을 떠나서는 질병에서 벗어날 수 없다. 신을 벗어 깨끗한 내부와 더러운 외부를 구별하였다. 오염된 곳과의 구별이다.

그리고 신을 벗는 것은 순종의 의미가 있고, 공격하지 않는다는 의미가 있다. 군인들도 비상이 걸리면 군화를 신고 벗지 않는다. 신을 신고 방에 들어오면 강도나 도둑놈이 된다. 성서 창세기에 보면 여호와 신을 처음 만난 모세가 신을 벗는 장면이 나온다. 그의 제자로 가나안을 정복한 여호수아도 신 앞에서 첫 대면시 신을 벗었다. 신을 벗는다는 것은 배려와 존중, 순종 즉 상생의 의미를 가진다. 신을 벗는 한민족은 싸움보다는 화해의 정신이 앞선다.

에너지 절약에 따른 지속가능성

한옥은 전통적으로 보면 단열이 잘 되어있지 않은 건축이다. 한옥의 창문은 창호지 한 장이고 여닫이문이 아니고 미서기문이 주라서 바람의 차단이 그리 좋은 편이 아니다. 지붕의 당골막이나 까치

구멍은 환기에는 좋으나 단열에는 취약한 구조이다. 우리 어렸을 때를 생각해보면 아랫목은 뜨거워도 윗목은 냉골이고 한겨울이면 요강에 얼음이 얼 정도로 그 온도가 낮았다. 즉 실내온도가 거의 외기에 가깝게 낮게 유지된다. 인간은 추우면 저체온중으로 면역기능이 떨어져 얼어 죽는다. 그러면 한옥은 혹한의 겨울을 어떻게 견뎌왔을까? 바로 온돌이 그 해답이 된다. 한옥의 단열재는 벽체나 창문이라기 보다는 방에 깔린 요와 그 위에 덮는 이불이다. 우리 한옥도 한겨울에는 겨울잠을 자는 곰처럼 마당과 마루를 쓰지 않고 방도 단지 아랫목만을 쓰면서 따끈한 방바닥에 덮은 이불로 최소한의 에너지만을 사용하며 겨울을 지나는데 바로 온돌이 있기에 가능하다. 매일 아궁이를 통해 밥을 하면서 생겨나는 폐열로 방바닥을 데우면서 방안의 온도를 낮추어 실내외 기온차를 최소화하여 에너지를 절약하는 현대적 페시브시스템인 셈이다. 즉 아랫목 공간에서 겨울나기는 겨울잠을 자는 곰과 추운 겨울 먹이를 찾아 헤매는 맹수들과는 생존방식이 다름을 알 수 있다.

한국건축에서 아름다움을 바르게 이해하는 것은 자연과 조화 그리고 지속가능함에 있다. 그래서 에너지를 적게 소모하기 위하여 방은 작다. 우리 옛말에 이런 말이 있다. '집이 작은 것은 창피한 일이 아니다.' 바로 안빈낙도와 저탄소 저에너지를 추구하는 배려하는 건축이 한옥이다. 집을 지을 때도 탄소를 많이 발생시키지 않고 그 집을 유지하는 에너지도 최소로 한다. 우리민족에게 이집트의 피라미드나 중국의 만리장성 같은 대규모 건물이 없는 것은 부끄러운 일이 아니고 자랑기리이다. 사는 집과 모이는 상소가 정결하고 위생적이며 검소함에도 충분히 아름다움을 발산할 수 있다.

온돌을 채용한 좌식문화는
다목적 공간(Multi-Purpose Space)으로 활용도를 높인다

　서양은 식구들 수만큼 방이 필요하다. 적어도 식구들 수만큼의 침대가 필요하다. 침대가 들어서려면 천장이 높아야하고 방도 넓어야 한다. 방이 넓고 천장이 높으면 에너지를 많이 소모하는 지속가능하지 않은 주택이 된다. 우리는 침대수로 가족이 자지 않고 배게 숫자로 잠을 잘 수 있다. 이 얼마나 적응력 있는 공간 활용인가? 온돌방이기에 가능한 공간이용이다. 비록 작은 집이라도 여러 명이 잘 수 있는 비결은 바로 온돌문화에 있다. 한옥 온돌방은 지속가능한 공동체의 교제를 확고히 할 수 있다.

　집은 사용하는 도구이지 그 집을 위해 인생을 바칠 필요는 없는 것은 당연하다. 큰 집 넓은 평수의 아파트를 위해 인생을 허비하고 물질의 충족을 위해 진짜로 삶의 가치를 잃어버리는 것은 얼마나 어리석은가? 이러한 소모적인 건축과 집에 대한 집착은 항구적인 자체시설을 소유해야 한다는 암시를 갖고 있기 때문이다. 우리 선비정신은 작은 집을 자랑스러워 했다. 집이 큰 것은 부끄러운 일이었다.

쉼과 나눔의 터전 사랑방문화

　모음보다는 나눔으로 그리고 소유에서 공유로 손님(객)을 중요시 여기는 사랑방 온돌방문화로 우리 한옥은 그 명맥을 이어왔다. 적은 비용으로 시작할 수 있는 신혼집은 공유나 임대주택 사랑방문화가 필요하다. 가정을 꾸리는 것은 남자와 여자가 사랑하는 마음으로 시작하는 오두막 초가삼간 시골이라도 좋다. '저 푸른 초원위에 그림 같은 집을 짓고 사랑하는 우리 님과 한 백년 살고 싶은' 집이 바로 초가 삼간집이다. 집이 크면 도둑이 온다. 그래서 더 높고 튼튼한 담장이 필요하고 지키는 사람도 많아야 한다. 작은 집은 높은 집세를 물거나, 집기류를 새로 구입해야 하거나, 냉난방에 따른 비용이나 유지 보수비용 등의 부담이 없다. 온돌방이 있는 한옥의 여러 장점들 중에서 가장 매력적이며 가장 중요한 것은 공동체 생활의 질적 수준에 있다. 서로의 어려움과 문제에 대하여 관심을 가지고 배려하며 격려할 수 있다. 이런 환경에서 사람들은 자신이 공동체 속에 매우 중요한 지체로서 인식되며 사랑받고 있다고 느끼게 된다. 사랑방의 수용성은 모임의 질적 수준과 관련된다. 모든 사람들이 서로 잘 알고 높은 수준의 교제가 이루어진다. 자족하는 삶은 결코 부끄럽거나 비진취적은 모습은 아니기 때문이다.

사랑방 교제의 전통은 유지 되어야 하지만 건물과 공간은 충분히 변화되어야 한다. 지금 현재의 시대적 요구에 적응하는 온돌의 모델이 필요하다. 특히 온돌문화는 국내에서 뿐만 아니라 해외에서도 그곳에 거주하는 재외동포들을 통해서도 전승되고 있으며 해당국가의 주거문화에도 적지 않은 영향을 주고 있다.[13]

한옥온돌방의 상생문화

자연에 있는 나무와 흙과 돌을 사용하여 집을 짓고 허물어지면 다시 자연으로 돌아가는 집 한옥, 한사람의 생명정도의 기간으로 존속하며 무한히 재생산되고 변화하며 1000년을 가는 지속가능함을 추구하는 한옥, 지속가능성은 한집이 무너지지 않고 계속적으로 유지

---

13 국제온돌학회, 〈국제온돌학회지〉, 제9권, 2010

되는 것만이 아니라 기존의 한옥이 무너지고 새로운 한옥이 지속적으로 생겨나는 것을 의미한다. 한옥이 수명이 다하여 허물어 지면 폐기물이 되지 않고 다시 새로운 집의 재료로 쓰이는 것처럼 한옥이 사명을 다하여 또 다시 흩어진 재료들을 모아서 새로운 한옥의 모퉁이 돌로 되어야 한옥의 지속가능성이 담보된다.

오랜 전통을 무조건 무시하는 것은 위험한 요소가 될 수 있다. 한옥이 오래 간 것은 아직 밝혀지지 않은 여러 요소들이 있다. 한민족의 식생활과 온돌문화를 보면 청국장이나 메주를 띄우는 것 등이 적절하게 사용가능하게 될 수 있도록 밝혀야한다.

온돌에서 파생된 한민족의 예절과 온돌문화는 서양의 악수와는 달리 신체의 많은 부분을 땅에 밀착시키는 '큰절'이 가장 어른을 섬기는 절이다. 또한 의생활 문화역시 바닥에 신체의 접촉표면적을 늘리는 행위를 쉽게 하기위한 방법이다. 즉 한민족의 의생활과 온돌문화는 그 뿌리가 같다. "온돌(구들)"하면 기와지붕 한옥이나 초가집을 연상 한다. 어쩐지 골동품스러운 느낌을 갖기도 한다. 조선왕조실록에서 보면, 집을 지을 때 우두머리 목수를 대목(大木)이라고 불러왔고, 17세기 중반이후로는 도편수(都片手, 都編手) 또는 도변수(都邊手)라는 호칭이 관청을 중심으로 사용됐었다. 한편, 우두머리 구들 장인을 온돌편수(溫突片手, 溫突編手) 또는 온돌변수(溫突邊手)라는 별도 호칭으로 하여 그 기능의 중요성을 따로 취급했다.

온돌의 현대화와 현대온돌

발은 따뜻하게 머리는 차게하는 전통을 유지 하지만 그 방법은 직화 방식에서 물을 데우거나 전기를 이용하는 방식 온돌침대 각종 온돌매트, 온돌마루로 계속 발전하고 있다.

　세계적으로 유명한 모더니즘 건축가인 프랭크 로이드 라이트 (1867~1959년)의 자서전에는 그가 한국의 온돌방을 접하면서 느낀 경이감이 기록되어 있는데. 그 경험을 통해 라이트는 미국에서 온돌 난방을 시도하여 Jacobs 주택(1936년)에 최초로 온돌을 도입하였다. 그리고 영국 셰필드 시의회 보고서(2010년)[14]에 따르면 셰필드 지역에 1960년대에 지어진 파크힐(Park Hill) 주거 단지의 주민들이 각 세대에 설치되었던 온돌 난방을 매우 신기한 현대식 난방방식으로 여겼다는 기록[15]이 있다.

　결론적으로 과학의 발전과 생활의 변화로 인하여 온돌 난방 역시 많은 변화를 가져왔다. 과거 온돌의 연료가 장작이었으나 이제는 화석연료, 전기 등 여러 연료가 공급되고 있으니, 소각이 제한되어 있는 원료들을 사용하지 않도록 한다면 구들의 수명에도 좋을 뿐 아니라 에너지 절약 측면에서도 바람직한 것이다. 그리고 인간생활에 쾌적한 공간을 확보하기 적합한 실내 온도조건을 유지하기 용이하여 생체 리듬을 최상의 상태로 관리할 수 있으며, 위생적으로도 다른 난방법에 비해 보건 위생상 안전성 확보를 할 수 있고, 주거 공간으로서 쾌감을 극대화하여 정신적, 육체적 안정감을 유지 할 수 있게 한다.

14　Sheffield City Council, Sources for the Study of Park Hill and Hyde Park Flats, Sheffield Libraries Archives and Information, 2010

15　"Park Hill at that time until the late 70's was a marvellous place to live. Under Floor Central Heating and "Garchey" waste disposal, it was very modern compared to where we lived before, in rooms with outside toilet and shared bathroom."

7. 인류무형문화로서의 탈화 좌식문화와 온돌의 가치

　한민족의 윤리는 건전한 자본주의 이론을 근간으로 하고 있다. 건전한 자본주의라 함은 자본은 충분히 개인적이고 독립적이지만 그 사용이나 분배에 있어서는 사람과 효율이 중요한 요소이다. 이러한 맥락에서 선비사상이 등장한다. 선비의 핵심은 청렴이다. 청렴은 부정부패에 결탁하지 않은 깨끗한 삶인 청결을 의미한다. 가정의 재정을 안주인이 효율적이고 효과적으로 사용하지 않고 집단이나 특정 개인의 쾌락을 위하여 과도하게 재정을 소요하는 것은 바람직한 상생의 모습이 아니다. 따라서 막대한 자본과 인력이 투자된 건물의 공간에 대한 효율적인 사용에 대한 명제는 상생에 있어서 아주 중요한 요소이다. 그것은 민족의 성장과 쇠퇴에 직접적으로 영향을 미치는 요소이고 역사적으로 나타나는 국가나 민족의 쇠퇴를 살펴보면 사회적인 요인 같은 외적인 것보다 오히려 귀족이나 국가 그 자체의 효율성 상실에 있음을 발견할 수 있다. 아무리 강대한 국가라도 쇠퇴의 원인으로 대제국 성장이라는 꿈같은 환상 속에 파묻혀서 영토와 시설 확충에만 열중하는 동안 문화와 민족의 공동 형성에는 속수무책이었기에 오래 지속할 수 없었다. 우리 역사를 통해보면 신라 천년, 고구려와 백제는 700년, 고려와 조선은 500년의 역사를 지닌다. 특히 근세를 보면 500년을 간 민족이나 나라는 거의 없다고 봐도 된다. 침략과 대규모 건축물의 건축 그리고 과도한 물리적 낭비는 국력의 쇠퇴와 민중의 저항으로 오래 가지 못했기 때문이다. 그러나 우리 민족은 상생사상에 입각한 온돌이 있는 한옥이라는 전통을 이어옴으로 지속가능함을 이루어 냈다. 온돌은 수비형(Passive

House) 지속가능 건축이다. 공격하지 않고 지속가능함을 유지하는 것은 어려운 듯하지만 역사가 증명하고 있다. 공격은 또 다른 공격을 가져온다. 신을 벗고 사는 비공격적인 수비형 삶은 지속가능성을 높이는 건축요소이다. 이 아자방이 수비형 건축의 핵심이다.

이와 같이 문화적 행위로서 온돌문화가 지니는 가치에도 불구하고 그간 국내 법적인 한계와 국내 무형문화유산 정책으로 인하여 온돌은 보호의 사각지대에 놓여 있었다. 즉 역사적 연원에 중점을 둔 종목의 지정기준과 종목의 지정시기, 예능을 갖춘 보유자나 인간문화재 또는 보유단체를 반드시 인정해야하는 현행제도의 제약으로 인하여 이제까지 대표목록 지정을 신청하지 못하였던 것이다. 그러나 김장문화처럼 온돌도 그 전수나 보존의 주체를 특정할 수 없는 경우지만 무형문화재로 지정될 수 있게 되었다. 2018년 제135호로 '온돌문화'가 대한민국 무형문화 유산으로 지정된 것의 의미이다.

유네스코 최근의 경향에 주목해야할 점은 당초 인류무형유산의 등재신청대상의 제목이 '김치'에서 '김치와 김장문화'로 최종적으로는 '김장문화'로 무형유산명이 바뀐 점인데 두 차례의 등재추진위원회를 거치면서 수정 확정되었다.[16] 이는 유네스코에서 그동안 해당 음식의 상업화를 우려했기 때문에 그 우려를 불식시키는 데 초점을 맞춘 것으로 볼 수 있다. 따라서 온돌 역시 온돌문화의 현대적 변화상과 사회적 역할을 강조하는 방향으로 등재 신청서의 전략적 작성

---

16 김치와 김장문화 유네스코 인류무형유산 등재추진 계획보고, 김치 인류무형유산 등재 추진위원회, 2011년 7월 10일 회의를 거쳐 최종 2011년 11월 보고함. 최종적으로는 2013년 12월 2일 '김장문화'는 영문명 'Kimjang : Making and Sharing Kimchi in Republic of Korea'로 유네스코 인류무형유산 대표목록에 등재가 결정되었다.

이 필요하고 근대화와 서구화에 따른 변화상과 도시와 농촌간, 세대
간, 계층간, 온돌문화가 화합을 증진하는 역할을 담당하는 점의 강
조가 필요하다. 그리고 온돌의 경우도 전통적으로 순 우리말인 '구
들'을 강조하여 - 이는 중국의 캉과 차별화된 단어로 - '구들과 온돌
문화' 영문명으로는 'Gudeul, Ondol of Heating System' 등을 생각할
수 있겠다.

이와 같이 무형문화유산은 전통 문화인 동시에 살아있는 문화로
공동체와 집단이 자신들의 환경, 자연, 역사의 상호작용에 따라 끊
임없이 재창조해온 각종 지식과 기술, 공연예술, 문화적 표현을 아
우른다. 무형문화유산은 공동체 내에서 공유하는 집단적인 성격을
가지고 있으며, 사람을 통해 생활 속에서 주로 구전에 의해 전승되
어왔다. 대대로 전승된 유산에는 인류 문명의 발달에 기여할 수 있
는 창의성과 선조들의 지혜가 내재되어 있다. 이러한 인류의 유산들
중에서 온돌(구들)은 한반도에서 발생하고 독특하게 발전하여 세계
적으로 그 우수성을 인정받은 고유의 난방 수단이기에 그 등재 가능
성은 아주 높다.[17] 아자방 온돌이 이 온돌문화의 총화이다. 하동 칠
불사 아자방 온돌이 지금은 경남지방 문화재이나 조만간 국가급 문
화재로 승격되어야 할 이유이다.

17　정상규·김준봉, 〈문헌에 의해 분석된 한국 전통 온돌(구들)의 역사와 특성〉, 2008 및 리
　　광훈, 〈독창적인 구들문화와 그 미래〉 등 기타 관련 연구들을 참조하여 재구성.

8. 정리하며

한옥의 온돌은 단순히 난방방법이기 이전에 건강건축이고 주거문화이며 좌식문화전통이다. 온돌문화는 한민족이면 누구나 동의하는 우리의 고유한 주거문화이다. 단순히 난방방법에 국한 되는 것이 아니라 사회관행, 의례, 자연에 대한 토착적 이해 등 문화의 여러 측면에서 유기적 연관성을 가지고 있다. 특히 온돌문화는 서구화 산업화와 아파트의 대량보급으로 인한 난방방법의 다양성 감소 등의 세계적 추세 속에서 다양한 재료와 기법을 이용한 전통온돌 난방문화가 현대사회에서 어떻게 전승되고 그것이 공동체와 구성원의 생활 속에서 어떻게 구심점 역할을 하고 있는 가를 알리는 것이 궁극적으로 인류무형유산 대표목록 등재를 통해 가시성을 제고하고 문화의 다양성에 큰 도움이 되는 방법이 된다.

많은 사람이 이용하지 않는 대규모 건축물은 주로 종교적이나 사상적인 면이 많다. 특히 공산주의 국가나 제국주의배경에서 엄청나게 큰 건축물을 지었다. 즉 많이 사용하지 않는 공간을 확보하기 위해 굳이 많은 비용을 들어야하는 것은 단순한 사용 미숙이라기보다는 국력의 낭비이고 자원의 낭비이다. 적은 비용으로 집의 환경과 건물의 질을 올리는 방법은 공간의 활용도를 높이는 것이다. 우리의 전통한옥 공간에서 사계절에 맞추어 공간의 경직성을 극복하고 마루나 온돌을 사용하여 공간의 폐쇄성을 극복하면 공간의 활용률을 높일 수 있다. 공간의 활용을 제한하는 가장 큰 요인은 경직성과 폐쇄성이다. 한 개인이나 가정의 전용 공간을 마련하는 데는 많은 대가가 따른다. 이것을 부담할 여유가 있는 집도 있지만, 그 비용이 힘

겨운 부담이 되는 경우도 많다. 만약, 우리가 다목적 공간인 온돌방을 활용하게 된다면, 공간의 활용도를 높이며, 상대적으로 건축비용을 절감할 수 있을 것이다. 또한 장소가 좁은 경우는 자기 집의 확상 공사를 서두르기에 앞서서 이웃집과 마을 회관의 활용을 늘리는 것도 공간의 활용도를 높이는 바람직한 방법이다. 단지 일 년의 한 두 번의 모임을 위하여 비싼 대형 건물을 짓는 것은 낭비이고 가난한 이웃에 대한 착취라고 볼 수 있다. 또 그것은 극히 소수의 졸부들만이 누릴 수 있는 사치이기도 하다. 집이 어느 정도 이상으로 커 버리면 건물이 모든 친척들을 수용할 만큼 넓어도 나머지 빈 공간을 유지하는 것은 낭비가 된다. 그리고 집이 클수록 사랑방 온돌방에 마주 앉아 살을 맞대고 정을 나누는 인사를 나눈다는 것은 불가능하기 때문이다. 결론적으로 온돌이 있는 한옥은 소박하지만 누추하지 않은 집이고 화려하지만 사치스럽지 않은 집이다.

이와 같이 우리는 한국 건축과 온돌의 상생사상을 거울로 삼아 이 시대의 한옥의 의미를 찾아야 한다. 한옥의 핵심은 온돌로 나눔과 배려, 지속가능성과 저탄소 자연친화적 요소가 핵심이다. 우리가 가난하고 소외된 자들에게 상생을 전하려면 우리의 시간과 정력을 과도한 사치적인 건축계에 집중하지 않아야 한다. 우리의 전통사상은 우리는 어떤 사회 계층에 속했든지 간에 모든 사람들에게 가난하고 소외된 자들을 섬기는 일에 집중하도록 하는 선비사상에 있다. 이 말은 모든 사람이 가난한 자들 가운데서 살아야 한다는 것은 아니다. 우리는 다른 사람들이 최소한의 삶이나마 살 수 있도록 사회의 모든 계층의 사람들에게 검소한 삶을 살도록 외쳐야 한다.

집은 그 사람의 거울이다. 사람이 건물을 짓지만 결국 집이 사람

'千年의 秘密' 아자방 온돌

을 짓는다. 우리는 올바른 돈의 사용과 주거건축을 통하여 모든 사람들에게 상생과 배려의 삶을 본받으라고 외쳐야 한다. 적어도 우리는 가난한 사람들과 함께 상생할 수 있도록 많은 사람들이 가난하고 소외된 자들과 하나가 되는 우리 조상들의 삶을 본받을 필요가 있다. 가난한 이를 돕는 것은 단지 불쌍한 이들을 돕는 것에 그치는 것이 아니다. 그들이 범죄자가 되거나 사회불안요소로 자라나서 사회 안전망이 무너지는 것을 막는 일이 바로 우리의 상생을 지키는 일이기 때문이다. 인간의 역사와 더불어 주거문화가 이어져 왔듯이 건축의 역사와 더불어 전통온돌의 역사를 이어오고 있다. 한옥은 편리한 집 능률적인 집이 아니고 편안하고 자연스러운 집이다.

한옥의 핵심인 온돌문화는 자연친화와 지속가능건축과 배려와 상생을 추구했던 한국의 주거문화를 통하여 인류의 번영을 꿈꾸어온 선조들을 닮아가는 상생사상이 충만한 현대적 가치를 충분히 기대해 본다. 이제는 아자방 온돌과 온돌 난방의 연구가 단순한 난방의 기능뿐만 아니라 보건의학과 전통문화적 측면에서 더 연구되기를 기대한다.

제2장 하동 지리산 칠불사와
벽안당 아자방의 유래와 특성

1. 칠불사와 아자방의 유래

아자방을 아시나요?

장마가 지나면 가을이다. 짧은 가을이 지나면 곧 겨울이 온다. 눈보라치는 엄동설한 칼바람 불어오는 겨울이 오면 한국인이라면 누구나 따끈한 구들방이 그리워진다. 한옥은 겨울용 온돌과 여름용 마루가 한 공간에 있는 독특한 구조이다.

중국, 일본도 전통건축은 우리와 같은 중목구조이나 가장 큰 차이점은 바닥난방시설인 온돌(구들)에 있다. 머름과 기단이 우리 한옥의 필수품이 된 것은 바로 온돌 때문이다. 온돌이 바닥구조물로 1m 정도의 방바닥에 고래를 설치해야하는 빈 공간이 필요한데 배수와 지중기초구조 등을 고려할 때 기단은 필수적일 수밖에 없다. 또한 한옥창호의 필수 구조인 머름 역시 창호의 비례나 마당으로부터의 시

| 그림 1 | 칠불사 아자방 전경

선 차단 등의 효과도 있지만 설비적으로 툇마루가 달린 쪽의 문을
열더라도 구들 방바닥 온도의 급격한 변화를 막을 수 있는 효과적인
장치가 된다. 발은 따뜻하게 하고 머리는 차갑게 유지하는 두한족열
지향 건강건축을 추구하는 구조가 바로 머름이다.

우리 한민족의 빛나는 문화유산은 수없이 많지만 그 중에서도 가
장 세계에 내어 좋을 만한 것은 무엇이라 생각하는지를 물었을 때
한글 금속활자 온돌을 먼저 꼽는다. 온돌은 단지 한옥에만 국한되지
않고 세계적으로도 통용될 수 있는 환경친화형 건강건축이기 때문
이다.

이 온돌을 대표하는 최고의 건축물이 있다. 바로 한번 불을 때면
49일간 따듯하고 동안거 90일간이나 온기를 간직했다는 전설적인 구
들, 지리산 칠불사 벽안당 아자방이다. 경남 하동의 지리산 반야봉
양지바른 쪽에 위치하고 있다. 구들방의 모양이 버금 아(亞)자 모양이
라서 아자방이라고 하고 구들 고래의 형상이 아자형태라서 아자방이
라고도 하는데, 과연 그 시기에 그만한 효능의 구들이 있었을까?

어쨌든 칠불사는 대한불교조계종 13교구 본사인 쌍계사(雙磎寺)

'千年의 秘密' 아자방 온돌

| 그림 2 | 해체·발굴 전 아자방 내부
(높은 부분이 좌선처이고 가운데 낮은 부분이 경행처이다)

| 그림 3 | 아자방 내부 해체 후 드러난 바닥 구들장의 모습
- 버금 아자모양으로 깔린 구들장의 모습이 보인다

의 말사로 언제 창건되었는지는 정확한 자료가 없으나, 여러 문헌에서 이 절의 창건과 아자방 축조에 관련된 몇 가지 설화를 전하고 있다.

첫째, 연담(蓮潭)의 《칠불암상량문(七佛庵上樑文)》에 의하면, 신라 신문왕때 지리산 옥부선인(玉浮仙人)이 부는 옥적(玉笛)의 소리를 들은 일곱 명의 왕자가 입산하여 6년 만에 도를 깨닫고 이 암자를 창건하였다고 한다.

둘째, 《삼국유사》 가락국기에 의하면 김수로왕은 서기 42년에 화생(化生)하였으며, 인도 아유다국 허황옥 공주를 왕비로 맞이하여

10남 2녀를 두었다. 그 중 장남은 왕위를 계승하였고, 둘째와 셋째 왕자는 어머니의 성을 이어 받아 김해 허씨(許氏)의 시조가 되었으며, 그 나머지 일곱 왕자는 외숙인 장유화상을 따라 출가하였다고 한다.

그들은 장유화상의 가르침을 받으며 가야산에서 3년간 수도하다가 의령 수도산과 사천 와룡산 등을 거쳐 신라 파사왕 22년(101년)에 이곳 지리산 반야봉 아래에 운상원(雲上院)을 짓고 정진한지 2년인 만인 신라 파사왕 24년(103년) 8월 보름에 금왕광불(金王光佛), 금왕당불(金王幢佛), 금왕상불(金王相佛), 금왕행불(金王行佛), 금왕향불(金王香佛), 금왕성불(金王性佛), 금왕공불(金王空佛)으로 성불했기 때문에 칠불암(七佛庵)으로 고쳤다고 〈칠불암현판기(七佛庵懸板記)〉에 전한다.

또한《삼국사기》권32 악조에 의하면 신라 경덕왕(742~764년)때 사찬 공영의 아들 옥보고(玉寶高)가 지리산 운상원에 들어가 50년 동안 현금을 연구하여 새로운 곡조 30곡을 지었다고 한다. 이 곡조를 속명득(續命得)에게 전하고, 속명득은 귀금(貴金)선생에게 전하였다. 귀금선생이 운상원에서 나오지 않자 신라왕은 금도(琴道)가 끊어질까 염려하여 이찬 윤흥(允興)에게 그 음률을 전수 받게 했다. 이에 윤흥은 안장(安長)과 청장(淸長)을 지리산으로 보내 귀금선생이 비장(秘藏)한 음률을 배워 오게 하니 귀금선생은 표풍(飄風) 등 세 곡을 안장과 청장에게 전했다. 안장은 그의 아들 극상(克相)과 극종(克宗)에게 전했다.

그리고 아자방에 관한 설화인데, 구들도사로 불리던 담공선사가 지었다고 전해지는데 과연 그 시기에 100일간이나 온기를 간직하였

'千年의 秘密' 아자방 온돌

다는 그만한 효능의 구들이 있었을까?

불교에서는 동안거와 하안거 기간 동안 칩거하면서 수도를 한다. 요즘 같은 시절에는 온국민 모두가 1~2주간 격리차 황토구들방에 쉬면 어쩔까 생각을 해본다.

우리민족이 내세우는 세 가지를 꼽으라 하면 한글, 금속활자 그리고 온돌문화이다. 이 온돌문화의 정수라 할 수 있는 온돌이 하동군에 위치한 지리산 칠불사 아자방 온돌이다. 아자방이 동안거 90일간 수도하는 기간으로 음력 10월 15일에 시작하여 정월 보름날에 끝이 난다.

운상선원은 옥보대라고도 하는데, 장유보옥선사의 이름을 따서 옥보대라고 한다는 설과 거문고 전승자인 옥보고의 이름을 따랐다는 두 가지 설이 있다. 진응(震應)의 《지리산지(智異山誌)》에 의하면 지리산은 칠불조사(七佛祖師)인 문수보살이 머무는 곳이기 때문에 칠불암(七佛庵)이라고 하였다. 이 중 가락국 7왕자의 성불 및 창건설이 가장 많이 채택되고 있다.[1]

조선시대 초에 대한 기록은 거의 남아있지 않으며 다만 중종 29년(1534년)에 서산대사(西山大師, 1520~1604년)가 퇴락한 칠불암을 중수하고 칠불암기와낙성시(七佛庵盖瓦落成詩)를 아래와 같이 지었다.

> 지리산 깊은 곳 칠불암이여 신라의 고찰 가람이어라.
> 지붕에 기와 깨져 눈비 새고 부처님 얼굴에 이끼 끼고 비온 후 안개
> 서리네. 뜻있는 스님 모두 눈물 흘리고 재물 없는 신도역시 마음 아파

---

1 《한국민족문화대백과사전》 22, p. 782

하네 엎드려 원하나이다. 이 제자 남북으로 돌아다녔으니 잠인들 제대로 잤겠으며 동서로 쏘다녔으니 밥인들 달게 먹었겠습니까.

거년 여름 와공시켜 기와 구워내고 금년 겨울 대웅전 잘 꾸며 부처님께 예불하니 오분 향기 온 절에 가득하고 칠보의 등불 닷집을 비추네. 용상대덕 모여들어 법문을 들려주고 인간과 천상사람 서로 만나 좋은 상서 함께하네 가는 이는 봄바람에 풀잎 돋듯 온화하고 오는 이는 밝은 달이 千江에 비추는 듯 마음으론 달마의 선법을 전해 받고 입으로는 부처님의 묘법 연설하네.

지금 이에 애욕으로 생긴 이 몸 이슬과 번개처럼 무상하고 탐욕으로 생긴 세계 허공꽃처럼 허망하네. 아득히 지난 무량겁에 윤회함이여 무명주 달콤한 맛에 깜깜하게 어두워졌네.

몸이 네 마리 뱀(四大)에 집착함은 나방이 불에 뛰어드는 듯하고 마음이 아홉 번뇌에 얽혀듦은 누에가 실을 토해 내는 듯 하네 색이 공이고 공이 색인 것도 알기 어려운데 마음이 부처고 부처가 마음인 도리를 어찌 감당하리 혹은 비단옷 벗어버리고 짐승의 뿔 머리에 이고 전생에 정씨의 딸 후생에 장씨 아들되네.

지금 부처님 전에 귀의하여 참회하면 자비를 드리워 깨달음의 길에 나침반 되어 주시리 또한 돌아가신 우리 어머니를 위하여 동해의 관음보살 친히 수기 주옵시고 남방의 용녀도 동참하기 바라나이다.[2]

---

2 청허집 6권, 智異山中七佛庵新羅古代一精籃屋瓦破水兼雪佛面苔生雨後嵐有識沙門皆墮淚無 財檀越亦懷伏願弟子周流南北眠何苦奔走東西食不甘去夏命工燔壁瓦今冬粧殿禮瞿疊. 五分香氣通連利七寶燈光照玉龕龍象交橫聞法衆人天相接見鸞去若春風開百草來如明. 月落千潭心傳嶺無文印口演靈山至妙談今乃露電根身緣愛欲空花世界爲貪悠悠往劫. 輪廻事無明酒味身執四蛇投火蝶心纏九結吐絲疊色空空色猶難鷹心佛佛心豈荷擔或. 脫錦衣還載角前生鄭女後張男佛前今者歸依懺覺路垂慈作指南亦爲先東海觀音親授記. 南方龍女願同參 淸虛集卷六

'千年의 秘密' 아자방 온돌

중종 29년(1534년)에 서산대사(西山大師, 1520~1604년)가 퇴락한 칠불암을 중수하고 칠불암기와낙성시(七佛庵盖落成詩)를 지었다.

광해군(1608~1622년)때에 서산대사(西山大師)의 법제인 부휴당(浮休堂) 선수대사(善修大師)가 오랫동안 이 절에 머물면서 경전(經典)을 열람하는 한편 임진란 당시 칠불사(七佛寺)의 전각이 매우 퇴락된 전각을 중수했으며 73세로 입적했다.[3]

순조 26년(1826년)에는 전라남도 영암 도갑사에서 주석하던 대은선사가 서상계(瑞祥戒)를 받기 위하여 스승인 금담(錦潭)스님과 함께 칠불사로 와서《범망경》에 의지하여 용맹 정진기도를 하는데, 대웅전에 모셔놓은 부처님 미간 백호로부터 한 줄기 상서로운 광명이 나와 대은스님의 정수리에 비춤으로서 서상계(瑞祥戒)를 받고, 스승인 금담(錦潭)스님은 제자인 대은스님으로부터 그 서상계(瑞祥戒)를 전해 받았다. 그 계맥은 대은낭오(大隱朗悟), 금담보명(金潭普明), 초의의순(草衣意恂), 범해각안(梵海覺岸), 선곡율사(禪谷律師), 용성진종(龍城震鐘) 등으로 전해졌다.

그리고 순조 28년(1828년)에는 초의선사(草衣禪師)가 차(茶)의 시배지인 화개동에 위치한 이곳 칠불사 아자방에서 참선하는 여가에 청나라 모환문(毛煥文)이 지은 만보전서(萬寶全書)의 다경채요(茶經採要)에서 다신전(茶神傳)을 초록하고 다신전을 기초로 후일에 동다송(東茶頌)을 저술하였다.[4]

---

3 칠불사 경내에 부휴당(浮休堂) 선수대사(善修大師)의 부도가 있다.

4 이 다신전을 기초로 하여 후일에 동다송(東茶頌)을 저술하였다. 동다송은 4구를 1송(頌)으로 하여 모두 17송이고, 백파거사가 초의선사를 찬탄한 1송을 더하면 동다송은 모두 18송이다.

아자방에 관련하여 내려오는 이야기들

아자방에는 '목마 탄 사미승 이야기'와 같은 전설도 있다. 조선 왕조 중기에 새로 부임한 하동군수가 쌍계사로 초도순시 차 왔다가 외인의 출입을 금하고 있는 칠불암 아자방 선원이 보고 싶어서 억지로 선방문을 열게 하였다. 늦봄이기 때문인지 점심 공양을 마친 스님들이 천장을 보거나 고개를 떨구는 등 제각기 나른한 자세로 졸고 있었고 이 모습을 보고 돌아온 군수는 괘씸하다는 생각이 들어서 쌍계사에 통문을 띄웠다. "참선하는 자세들이 불량하게 보여 그 진위를 가리고자하니 누구든 목마를 타고 동헌 마당을 돌 수 있으면 후한 상을 줄 것이고 그렇지 않으면 모두에게 큰 벌을 내리겠다." 쌍계사에서는 급히 대책회의가 열렸으나 묘안이 나오지 않았다. 그 때 아자방에서 수련하고 있던 한 사미승이 자청하여 이 일을 맡겠다며 다른 스님들에게 목마 만들어 주기를 부탁한다. 하동 관아로 스님들이 만들어 준 목마를 가지고 간 사미승에게 "칠불암에 도승이 많다하여 내가 가보니 참선한다는 중들이 모두 졸기만 하더구나."하며 군수 자신이 보았던 광경을 이야기한다. 이에 사미승은 "제가 목마를 타고 동헌을 돌아보겠습니다. 도승이라고 하여 특별한 사람은 아니지요." 대답한다.

"천장이나 쳐다보면서 졸고 있는 것도 공부란 말이냐?"하고 힐문하는 군수에게 "앙천성숙관(仰天星宿觀)입니다. 중생을 제도하려면 하늘을 우러러보며 별을 관찰하는 상통천문(上通天文) 공부가 되어야 하기 때문이지요."하고 답한다.

이에 군수는 다시 "고개를 숙이고 땅을 보면서 조는 것은 무엇이냐?"로 묻자, 사미승은 거침없이 "지하망명관(地下亡命觀)입니다. 죄

| 그림 4 |

를 지어 땅 속 지옥에 가는 사람을 어떻게 구제할 것인가를 생각하는 것이지요."하고 대꾸한다.

"그렇다면 몸을 좌우로 흔들어대며 조는 것은?"하고 물으니, "춘풍양류관(春風楊柳觀)입니다. 있고 없음에 대한 무집착과 어느 것에도 묶이지 않는다는 달관의 공부를 말하는 것이지요."하며 받아 넘겼다. 군수는 연이어 "방귀 뀌는 것은?"하고 계속하여 비꼬는 투로 묻자, "타파칠통관(打破漆桶觀)입니다. 즉, 사또같이 우매한 칠통배(지혜가 없는 무리)들을 깨닫게 하는 공부입니다."라고 말을 마치고나서 목마를 타고 동헌 마당을 한 바퀴 돌더니 공중으로 사라졌다는 이야기로 아자방 스님들의 공부가 그만큼 높았었다는 것을 전설로 전하고 있다.

2. 아자방 온돌의 비밀들

> 온돌은 건강건축이고 생명건축이다.
>
> 이 온돌의 으뜸이 아자방이다.
>
> 온돌의 옷인 집, 한옥
>
> 한옥의 심장은 온돌.
>
> 인간은 추우면 죽는다.
>
> 이 온도 보존장치의 총화가 바로 아자방 온돌이다.

그래서 아자방의 첫 번째 비밀은 '모양'이다.

한 번 불을 때면 백일간이나 온기를 간직했다는 온돌 지리산 칠불사 벽안당 아자방이 있다. 구들방의 모양이 버금 아(亞)자 모양이라서 아자방이라고 하고 구들 고래의 형상이 아자형태라서 아자방이라고도 한다.

제2의 피부는 옷이고 제3의 피부는 집이다.

전라도 구례와 경상도 하동을 잇는 섬진강을 따라가다 십리 벚꽃길로 유명한 하동 '쌍계사'를 지나면, 포장도로가 깔린 지금도 깊은 지리산 반야봉자락에 칠불사가 있다. 이 칠불사의 계단을 올라서서 대웅전 왼쪽으로 보이는 건물이 벽안당 아자방(亞字房)이다.

지리산 반야봉의 '반야(般若)'는 '지혜'를 뜻하는 '빤냐(pañña)'라는 범어(梵語)로 불가(佛家)에서 흔히 쓰는 말이다. 이 칠불사가 있는 지리산 반야봉은 행정구역상으로는 경상남도 하동군 화개면 범왕리 1605번지 칠불사에 속해 있으며, 우리민족의 뛰어난 과학적 우수성

| 그림 5 | 아자방에서 좌선 수양하는 모습

을 대변해 주고 있는 전통건축 온돌난방 구조물이 있는 고래구들(온돌)방의 이름이다. 전해 내려오는 말에 따르면 칠불사 아자방에 한번 불을 때면 100일간 즉 석 달간 열흘이나 온기가 지속되었다고 알려져 있다.

그러나 열역학의 기본 원리인 열역한 제1법칙인 에너지 보존법칙에 의하면 에너지는 생성되거나 소멸되지 않는다는 것이다. 이를 기초로 할 때 열을 발생하는 에너지 총량과 그 생성된 열을 대류와 전도 복사로 전달하는 과정을 현대 과학을 기초로 생각해볼 때 거의 불가능한 이야기로 여겨질 수 밖에 없다. 그러나 지은이가 온돌을 연구하고 다른 나라 여러 지방의 특수한 온돌을 답사하면서 새롭게 이해하게 된 것이 있는데, 그것은 구조가 워낙 비밀스러운 구조를 가지고 있거나, 불이 오래 타는 에너지가 대단히 큰 땔감이 있었다는 얘기는 아닌 듯하다. 아마도 열역학의 기본 원칙을 거스르지 않고 숯가마처럼 불을 꺼트리지 않은 체 많은 양의 땔감을 서서히 오래 타게 하면서 천천히 축열하고 전천히 발열 시키는 데 그 비밀이 있음을 알게 되었다. 이 칠불사 아자방 온돌이야말로 우리 선조가 남겨준, 21세기인 오늘날에도 가장 효율적인 그래서 가장 과학적인 난방법임을 입증하는 귀중한 문화 유산이다.

아자방은 인류가 만든 최고의 온도 보존 장치이다

아자방의 평면구성은 정면 5칸 측면 2칸으로 참선수행을 위한 선방을 상대적으로 크게 하고, 또한 실질적인 정면은 건물의 뒤편에 두어 스님들의 참선 수행하는데 있어 일반인들로부터 방해를 받지 않도록 배려한 것을 볼 수 있다. 특히 부엌과 선방의 단차를 1,600㎜ 정도 두고 선방부분에 전통구들을 설치한 수법을 통해 우리나라 전통 온돌문화의 특징을 잘 보여주고 있어 문화재로서 가치를 충분히 가지고 있다고 볼 수 있다. 아자방은 우측 3칸은 방으로 구성되어 있다. 가운데를 중심으로 좌우측을 "ㄷ형" "ㄱ형"으로 하여 350㎜ 정도 바닥을 높게 잡아 수도승이 면벽을 통한 참선 수행이 될 수 있도록 '좌선처'와 참선하다가 잠시 내려와 쉬는 '경행처'로 명명되고 1981년 해체 수리할 때 발굴조사가 선행되었는데 그 당시 구들돌 두께는 20㎝ 이상 되는 것이 많이 발굴되고 1m 이상의 바닥두께와 10㎝ 두께의 방바닥 장판이 있었다고 기록되었다.

아자방의 형태와 주요 구조를 보면, 남북 장방형으로 놓인 정면 5칸, 측면 2칸 맞배집인데 남쪽(정면 우측) 2칸은 공양간으로 되어 있고 북쪽(좌측) 3칸은 구들방으로, 방의 서쪽은 뒷간을 두어 뒷마루를 만들었다. 그런데, 이 3칸 방의 평면이 한자의 '亞' 형태로 되어 안쪽 십자(十字)부분은 한단 낮게 꾸미고, 네 귀는 높게 만들었는데 앉았을 때 발바닥이 편안하고 여유롭게 바닥에 닿게 350㎜ 높이 차로 구성 되어있다.

| 그림 6 | 칠불사 아자방 앞(뚜렷한 동국제일선원 현판 모습이 보인다)

　칠불사 아자방은 방 안 네 귀퉁이에 바닥보다 350㎜ 정도 높은 좌선처를 마련하고 가운데 경행처를 구조가 특이하며, 승려들이 선을 수행하는 깨달음을 얻는 공간으로서 의미가 있다. 고려 시대 정명선사(靜明禪師), 조선 시대의 추월조능(秋月祖能), 벽송지엄(碧松智嚴), 서산 대사(西山大師), 초의 선사(草衣禪師) 등과 같은 고승들이 칠불사 아자방에서 수행하여 선종 사상의 맥을 이어 동국제일선원(東國第一禪院)이라 불린다.

　이 온돌문화의 정수라 할 수 있는 온돌이 아자방 온돌이다. 하동군에 위치한 지리산 칠불사 아자방이 동안거 90일간 수도하는 기간으로 음력 10월 15일에 시작하여 정월 보름날에 끝이 난다. 아자방(亞字房)에서 참선공부 할 때는 장좌불와(長坐不臥, 늘 앉아만 있고 눕지 않는 것), 일종식(一種食, 하루 巳時에 한 끼만 먹는 것), 묵언(言, 말하지않는 것)의 세 가지 규칙이 있었다.

3. 우리전통 고래온돌[5]
- 아자방 온돌의 중심사상

| 그림 7 | 아자방 현판

한옥은 겨울용 온돌과 여름용 마루가 한 공간에 있는 독특한 구조
이다. 중국, 일본의 전통 주택과 한옥의 가장 큰 차이는 바닥난방시설
인 온돌(구들)에 있다. 온돌은 건축시설이지만 한옥의 민속문화의 핵심
이다. 그래서 한옥의 구조는 그 자체로 구들을 보호하기 위한 것이라
할 수 있다. 구들 아래의 흙은 장마철 습기를 흡수했다가 날이 건조해
지면 이를 방출하는 방식으로 방 안의 습도를 조절한다. 이 같은 기능
을 하는 방고래(구들장 밑으로 불기운과 연기가 들어와 빠져나가는 길)가 여름철
에는 땅에서 올라오는 습기를 차단하고 겨울철에는 지열을 저장해준
다. 이와 같이 한옥의 구조는 그 자체로 온돌을 보호하기 위한 것이라

---

5 '구들'은 순 우리말이고 '온돌'은 우리 한글이 없을 때 '구들'을 글로 쓰기 위해 한자로 표기
  한 역시 순 우리말이다. 그래서 온돌과 구들은 동의어이다. 중국어로는, 溫突 혹은 溫堗 이
  라 쓰지 않고 캉(Kang, 炕)이라는 중국글을 쓴다. 본고에서는 온돌과 구들을 편하게 중복
  해서 같은 의미로 사용하였다.

할 수 있다. 온돌은 복사와 전도, 대류의 열전달 3요소를 모두 고려한 독특하면서도 친환경적, 과학적인 난방법이다.

온돌은 상생과 배려와 공감이다.

경쟁은 야만이다.

경쟁을 시켜야만 세상이 좋아진다는 것은 거짓 말이다.

생존시대에는 맞을 수 있었지만 지금 생활시대에는 다르다.

경쟁이 효율성과 생산적이라고 하는 것은 맞지 않다.

상생과 연합이 삶의 근본 이념이기 때문이다.

아자방(亞字房)은 자기 수련, 상생과 공감을 목적으로 하는 우리 전통

고래 온돌의 꽃이라 할 수 있다.

한옥의 심장은 온돌 - 한옥은 온돌이 없으면 알맹이 없는 껍데기다. 아자방 고래 온돌은 단순히 전해 내려오는 이야기나 글로 남아있는 역사가 아니라 유적으로 남아있으면서 지금도 2m가 넘는 아궁

| 그림 8 | 발굴결과 고려 층위에서 2m 길이가 넘는
아궁이의 흔적이 나타났다.

| 그림 9 | 아자방 체험관 내부 '땐 불 스테이' 체험 북 콘서트 모습

이의 흔적을 포함한 그 일부가 현존하고 있다. 아자방은 우리 문화의 소중한 기록이며 고래온돌에 있어서 잃어버린 역사의 연결고리를 이어주는 증거이다.

아자방의 독특함과 그 구조적 특징들은 이미 만들어진 지가 천 년 이상이 지난 지금 바로 경기도 양주의 회암사터의 고래 온돌에서 보여지고 있다. 아자방은 전설로만 내려온 것이 아니고 더욱이 특별하게 돌연변이적으로 생겨난 우리의 온돌이 아니다. 그래서 우리는 위대한 문화유산인 구들, 고래온돌의 기원과 과학성 등을 알고자 한다면, 아자방은 더욱더 중요한 근거 자료이고 유구이기에 우리는 이 아자방에 대하여 지금부터라도 충분한 연구를 하여 소홀히 다뤄지는 우를 범치 말아야 한다. 사실 대부분의 학자들은 일부 중국의 문헌을 근거로 하여 막연히 전통고래 온돌의 발상이 북쪽으로부터 되었으리라고 추측한다. 그리고 추론에 맞춰 한반도 북쪽에서 주로 의지하여 유적을 발굴하면서 고래온돌의 기원을 찾는다. 그러나 지금부터 천년 전이라면 한반도의 남쪽이라도 역시 겨울에는 영하의 추운 날씨였고, 또한 지금보다 훨씬 추운 소빙하기 시대였다면 지금과

| 그림 10 | 1981년 아자방 복원 당시 발굴된
고래온돌 구들 개자리 부분 모습

마찬가지로 아주 추웠다고 볼 수 있다.

우리보다 더운 지방인 이탈리아 반도 중심인 로마에서도 비록 대중탕 성격이 짙은 구조물이었지만 기원전 수 백 년부터 〈하이포코스트〉라는 바닥난방법이 대규모로 만들어져온 반면 훨씬 추운 북유럽 어디에도 같은 시기에 만들어진 바닥난방 구조물은 찾아 볼 수 없다. 추운 지역이라고 해서 무조건 온돌 난방이 더 발달한 것이 아니고 뜨거운 물이나 불을 잘 다루는 민족이면 난방을 하였다는 것을 단적으로 보여주는 예이다.

우리에게 삼국시대 이전의 단군조선(고조선)시대는 천년 단위의 안정된 문화와 과학의 발달이 있었던 시기였다. 단일 국가로 이렇듯 오랜 기간 역사와 문화를 유지시켰던 민족이 또 있는가? 그러한 역사적 배경을 가지고 있는 사람들이 만들어낸 문화가 어찌 그리 만만

하였겠는가? 북방의 유목민에게서는 좋은 온돌을 찾기 어렵다. 더욱이 그들이 계속적으로 온돌을 발달시켰다고 보는 것은 무리한 추측일 것이다. 한반도에 정착하여 농경생활을 시작한 우리 민족은 징착과 안정을 통하여 여러 문화를 꽃피웠고 그 중 이 온돌문화는 백미라 하겠다.

겨울을 나는 방식으로 '곰'은 잠을 자고, '호랑이'는 먹잇감이 부족한 한겨울에는 더욱더 열심히 사냥을 하면서 겨울을 난다. 어느 것이 더 바람직 할까? 우리가 전에는 '약육강식', '적자생존', '강한 자가 살아 남는다.'고 배워왔다. 그 때에는 서양의 문물이 본격적으로 들어오면서 능동적이고 진취적인 삶이 최선이었다. 그러나 지금은 상황이 바뀌어 가는 것 같다. 최근 서구에서 들어오는 첨단 생태건축이론은 패시브 하우스(Passive House)이다. 직역하면 '수동형 주택'이지만 이는 올바른 번역이라고 보기 어렵다. '자연형주택' 혹은 '자연친화(순응)형 주택'이 더 맞는 번역이다. 그러면 '자연순응형'은 무엇인가? 바로 한옥이다. 구하기 쉬운 집 주변의 자연 재료인 흙과 돌과 나무로 더우면 더운 대로 시원한 대청마루가 있고, 추우면 추운대로 따끈한 아랫목이 있다. 바로 우리민족은 호랑이와 같은 삶이라기보다는 곰 같은 삶으로 겨울을 지냈다.

만들어진지가 이미 천년을 넘어 지금도 불기운을 받아 묻혀 있을 흙과 돌들에게 우리가 무한한 애정을 느끼는 것은 아마 당연한 일이지만 아직도 여기저기 흩어져 있을 찬란한 고래구들 유적인 아자방 온돌의 흔적들을 생각하면 안타깝기 짝이 없다. 최근 들어 우리 속에 일어나고 있는 이 역사바로세우기는 문화바로세우기가 그 큰 원동력이며 이 문화바로세우기는 고래구들인 전통 온돌 문화의 흔적을 찾는 것으로부터가 바로 그 시작이 될 것이다.

　이와 같이 우리 온돌이 중심인 한옥의 키워드는 상극이 아니고 상생이다. 즉 '너를 죽여야 내가 사는 것이 아니고 네가 살아야 나도 산다.'이다. 한 겨울에는 마당과 마루는 버리고 오로지 방안에서 겨울을 보냈다. 그 방도 다 사용하기 보다는 윗목은 요강의 물이 얼 정도로 춥게되어 아랫목 만으로 한겨울을 났으니 그야말로 최소면적을 데워서 아랫목 이불 속에서 가장 적은 에너지를 사용하는 구조이다. 실내외 기온차가 적을수록 에너지의 부하가 줄어 에너지를 절약하게 된다. 지금 현대의 주택은 방안의 온도를 따스하게 유지시키는 단열 벽체가 주택에서 아주 중요한 요소이지만 당시 한옥 온돌방의 단열재는 벽체가 아니고 아랫목에 깔아놓은 '이불'이라 할 수 있다. 겨울에는 항상 아랫목에 이불이나 보료를 깔고 살았다. 보온밥통이 없던 시절 누구나 아버지의 보온중인 밥그릇을 차는 실수를 경험한 것이 한번쯤 있을 것이다.

　지금 현대인의 삶은 아랫목을 잃어버린 각 방 세대이다. 한 번 다투거나 토라지면 회복이 요원하다. 말없이 자기 방으로 들어가서 문을 닫고 몇일이고 말도 안하고 서로 부딪히지도 않고 충분히 살 수 있으니 말이다. 어린 시절 지은이의 가족은 7남매 중 5형제가 한방에서 잠을 잤다. 아무리 다투고 서로 화가 나도 겨울밤 어김없이 아랫목 이불 속에 두발과 시린 손을 녹여야했다. 살을 매일 밤 부대끼고 사는데 어찌 형제우애가 생기지 않을 수 있을까? 그래서 현대 가정 파괴범은 아마 온돌을 실종시키는 서구의 난방법의 도입이라고 말을 해도 과인이 아니겠다. 추운 겨울밤 오순도순 따끈한 아랫목에 둘러 앉아 군고구마를 먹던 시절이 생각난다.

한옥과 온돌 - 우리의 빛나는 문화유산

우리의 빛나는 문화유산은 수없이 많다. 그 중에 가장 세계에 내어 놓을 만한 것은 무엇인가? 바로 한글과 금속활자 그리고 한옥의 구들이다. 한식·한복·한옥은 우리의 유산이지만 모든 문화는 각 나라마다 독특한 자기의 것이 있기 때문에 냉정히 말하자면 세계성에 있어서 뚜렷한 경쟁력을 가지기가 어렵다. 일본인은 일본집이 좋고 미국인은 미국집이 좋다. 중국인은 중국의 집이 편하고 좋은 것은 우리가 한옥을 좋아하는 것만큼이나 당연하다. 그러나 구들과 마루가 있는 한옥은 그 성격이 다르다. 단순히 한국에 국한되지 않고 세계적으로도 통용될 수 있는 보편적인 사항이기 때문이다. 그들이 과거 두한족열로 인한 건강건축인 온돌의 효능과 불을 가두고 (불은 가두면 꺼지는 성질이 있다.) 위로 올라가는 수직적인 불을 연기와 열기를 나누어 사용하는 방법으로 수평으로 뉘여서 방바닥에 축열하는 제작 방법을 몰랐기 때문이다. 서양은 벽난로와 같이 '서있는 불'을 사용하고 우리는 불을 깔고 앉을 수 있게 '누운 불'을 사용한다. 단지 지금은 불을 직접 때어 취사와 난방을 동시에 하는 방법이 아파트에 사는 현대인들에게는 불편하기에 더 이상 이어가지 못하고 있다. 반면에 우리의 한식과 한복은 전통을 고수하면서도 현대화가 되었다. 그런데 왜 한옥만 이렇듯 아직도 대다수의 서민들에게 푸대접을 받고 있을까? 이러한 의문을 이제 우리가 가질 때가 되었다. 그 이유는 우리 한옥이 너무 과거의 전통에 집착한 나머지 지금 이 시대를 사는 우리 현대인들의 필요를 만족하지 못하게 현대화되지 못했기 때문이 아닌가? 이는 전적으로 전통한옥을 보존에만 치중하고 현대화하지 못한 한옥과 온돌 기술자들의 책임이다.

'千年의 秘密' 아자방 온돌

4. 아자방 온돌의 건립시기와 고래구조특성

전라도 구례와 경상도 하동을 잇는 섬진강을 따라가다 십리 벚꽃 길로 유명한 하동 '쌍계사'를 지나면, 포장도로가 깔린 지금도 깊은 지리산 반야봉자락에 칠불사가 있다. 이 칠불사의 계단을 올라서서 대웅전 왼쪽으로 보이는 건물이 벽안당이라고 불리던 아자방(亞字 房)이다.

칠불사 아자방의 건립시기는?

서기 48년, 가야국 김수로왕은 인도 아유타국의 공주인 허왕옥(김 해 허씨 시조)을 왕비로 맞아 10남 2녀를 두었던바, 넷째 왕자부터 일 곱 왕자가 외삼촌인 장유보옥스님을 따라 출가하여 가야산에서 3년 간 수행하다가 단기 2436년, 서기로는 104년, 수로왕 62년 8월 15일 (신라 사파왕娑婆王 24년) 지리산 반야봉 아래 운상원(雲上院)에서 모두가 성불하였는데, 장유화상이 절터를 찾아다니던 중 지금의 아자방터 가 겨울에도 눈이 쌓이지 않고 녹아버리는 것을 보고 이곳에 자리를 잡았다고 전해진다.

기록에 따른 칠불사 아자방의 건립시기는《삼국사기》권32 악조 와《삼국유사》가락국기에 의하면 1세기경 가락국 시조 김수로왕의 일곱 왕자가 이곳에서 수도한지 2년만에 성불하여 '칠불사'라 이름 지어지고 아자방은 신라 효공왕(대위 897~912년) 구들도사로 당시 불 리던 담공화상(曇空和尙)이 아자형 이중온돌방으로 지었다고 전해지 고 칠불선원사적기에는 신라 지미왕 8년(119년)에 벽안당(일명 아자방) 을 지었다는 기록이 있다.

| 그림 11 | 아자방 전경

　아자방이 만들어진 시기는 두 가지 인테 그 첫 번째는 원삼국 초기, 가락국 태조왕 107년 그러니까 A.D. 119년, 고구려는 태조왕 67년이고 백제에서는 기루왕 43년이며, 신라 지마왕(祗摩王, 또는 지미왕) 8년인 단기 2452년 경으로 추정할 수 있다. 후에 신라와 연합국을 이룬 가야국의 담공(曇空)선사가 칠불암의 선방이었던 벽안당(碧眼堂)의 구들방 구조를 아(亞)자 모양으로 만들어 아자방(亞字房)이라 하였다. 신라 진흥왕(A.D. 540~576년)때 김공영(金恭永)의 중창으로 수리하였으나 구들을 수리하였다거나 불길이 가로막혔다거나 하는 일이 없었다는 기록이 1984년 칠불사에 보관 중이던 서고(書庫)자료에서 발견되었다고 하였으나 불행히도 지금은 그 자료를 아직은 찾지 못하고 있는 형편이다.

　또 한가지는 신라 효공왕(897~912년)때에 담공선사(曇空禪師)가 벽안당(碧眼堂, 일명 亞字房)을 건립하였다고 한다. 당시 불을 한번 때면 100일 또는 49일 정도 온기가 지속되었다는 설이 전해지고 있다. 고려시대에는 뚜렷한 족적이 남아있지 않으며 다만, 정명선사(靜明禪師)가 칠불암에서 수도했다는 기록이 남아있다. 이같이 아자방 축조

| 그림 12 | 아자방 현판 모습

연대를 신라 효공왕 때인 A.D. 910년에 만들었다고도 하지만 이 문제는 확실한 사료(史料)로 남아있는 것이 아니라서 아직도 논란의 여지가 남아있다.

만일 그 시기를 A.D. 119년으로 본다면, 로마에서 콜로세움이 완성된 것이 그 30년 전이고 후한의 채륜이 종이를 발명한지 4년 후에 아자방이 지어진 것이다, 그 시기는 제갈공명, 관운장과 조조가 등장하기 직전의 어지러운 상황이었고, 서쪽에서는 페르시아 왕조가 등장하려 하는 때였다. 아자방이 있는 칠불사는 동국제일선원(東國第一禪院)이라 하여 금강산 마하연 선원과 더불어 우리나라 선불교(禪佛敎) 수행의 쌍벽을 이룬 대표적인 참선도량으로 수많은 고승들이 머무르며 수행했던 곳이다. 우리나라 풍수지리의 시조격인 신라말기의 고승 도선국사의《옥룡자결(玉龍子訣)》에 "하동 땅에서 북쪽으로 100리를 가면 누운 소 형상의 땅이 있는데 이곳에 집을 지으면….".이라 하여 아자방 자리가 명당터로 언급 되어 있다. 아자방터가 문헌에 나와 있듯이 한기울에도 눈이 쌓이지 않고 녹는 따뜻한 곳이라면 지형적으로 이미 보온에 큰 도움이 되었고 온화한 기운은 수행에도 힘이 되었을 것이다.

그래서인지는 몰라도, 아자방에는 수많은 고승들에 대한 이야기가 끊이지 않는다. 가까이는 용성, 석우, 효봉, 금오, 서암스님 등이 아자방에서 수행하였으며, 금오스님을 필두로 10여 명의 납자(衲子)들이 '공부하다 죽어도 좋다.'는 서약을 쓰고서 잠을 자지 않고 45일간 용맹 정진했던 이야기는 전설이 되다시피 유명하다.

그뿐이랴, 고려시대 정명, 조선조의 벽송, 서산, 부휴, 백암, 무가, 인허, 월송 선사 등이 더불어 득도하였으며 대은, 금담 두 율사는 잿더미가 되어버린 보광전 등의 건물을 중건하고 이곳에서 용맹 정진하였다.

아직도 이곳에서 특별수행기간에는 하루에 한번만 먹는 일종식(一終食)과 묵언(黙言), 그리고 장좌불와(長坐不臥)를 지키고 있다.

한편, 한국 다도(茶道)의 큰 스승인 초의선사가 이 아자방에서 정진하며 틈틈이 다신전을 집필하기 시작하고, 1828년 동다송(東茶頌)을 만든 것을 알만한 이들은 다 알고 있다. 당시 유배중이던 추사 김정희와, 차와 글씨의 교제는 지금까지 두고두고 내려오는 이야기이다. 지금도 이곳의 물로 차를 끓여야 제 맛이 난다고 하여 찾는 이들이 많이 있다.

'전통'이란 익숙함과 편함이다

사실 전통은 어렵고 힘든 것이 아니다. 편하고 익숙하면서 나름의 품격을 갖춘 것이다. 그러기에 오랜 기간 동안 우리 한민족의 전통으로 지금까지 이어온 것이 아닌가. 불편하고 비싸고 우리에게 익숙하지 않다면 아무리 품격이 있어도 계속 이어올 수 없기 때문이다.

| 그림 13 | 1981년 복원 당시 발굴된 주아궁이와 보조아궁이 모습

막연히 전통을 사랑하는 국수주의적인 의견처럼 '비록 조금은 불편하지만 우리 것이기에 참고 견뎌 내야 하는 것'이 아니다. 한옥전통을 이어가기 위해서 지금 이 시대에 편하고 익숙한 한옥이 요구되는 당연한 이유이다. 지금 편하고 익숙하지 않으면 전통은 더 이상 이어갈 수 없다. 불편하고 추운 한옥은 과거 시절의 한옥이지 지금의 한옥은 아니다. 농경생활을 영위하는 과거의 생활 패턴이 바뀌어 지금은 좀 더 높은 실내온도를 요구하고 있다. 겨울에도 마루와 거실을 계속 사용을 해야 하며, 과거와는 달리 실내에 위생적이고 기능적인 화장실과 주방을 원하고 있다. 그래서 그리 비싸지 않으면서 편리하고 따뜻한 그러면서도 전통의 품격이 있는 한옥 온돌의 출현은 이 시대의 요구이다.

아자방 온돌의 개요

1980년대 초 당시 석암 주지스님 말을 빌리면, 6.25사변으로 불타고 파괴되기 진까지만 하너라도, 한번 불을 지피면 한 달 가까이 난방이 가능하였는데 처음 일주일은 뜨겁고 마지막 일주일은 미

| 그림 14 | 1981년 발굴된 아자방 구들고래
- 고래 둑의 크기와 고래의 간격이
다양하게 구성된 모습이다.

지근하였다고 하였다. 짧게 보아도 1100년, 길게는 2000년간 가까이 사용한 고래온돌(구들)이 그 정도로 기능하고 있었다는 사실은 정말 생각만 해도 놀랄 일이다. 학계에서 구들의 기원이 북옥저 시대를 전후한 쪽구들형태의 것이라고 일반적으로 알려져 있지만 아자방 고래온돌은 쪽구들이 아닌 통구들(또는 온구들)로 지금 만주 지역인 고구려의 쪽구들 온돌과 동시대에 존재한 것으로 여겨지고 있으면서, 우리의 찬란하고도 장구한 세월의 역사를 지닌 우리 고래온돌 (구들)의 역사성을 묵묵히 간직하고 있다.

그도 그럴 것이 그 좋은 것을 다른 사찰이라고 마다할리 없었을 것이고 형편 닿는 데로 놓을 수 있는 곳은 다 좋은 온돌을 놓아 보았을 일이다. 그리고 당시에는 사찰의 스님이라면 대부분 온돌 도사로 여겨질 정도로 온돌의 시공과 관리에 있어서는 최대의 전문가들이었다. 단지 아자방의 복잡하고도 철저한 구조와 형태 때문에 그 축조비용이 만만치 않았으리라는 점은 쉽게 짐작이 간다. 아자방을 만들기 위한 구들 고래의 구조 역시 여러 가지가 있었고, 굳이 말하자면, 칠불사 아자방 구들은 '외곬 여러 갈래 고래로 아궁이 부분이 부채살모양 줄구들 (나란히 고래)'이라 할 수있다.

한편, 1984년에 발견된 당시 사찰소장 문서에서는 한번도 아자방 구들을 뜯어 고치거나 한 일이 없이 유지되었다고 하니, 2000년 가까운 세월 동안 그 기능이 절반정도 떨어진 것으로 보더라도, 처음 만들어졌을 시기에는 충분히 100일 동안 온기를 지속 할 수 있었을 것이라 충분히 짐작된다. 다른 한편으로 전해오는 이야기로는 칠불사 이외에 가야산 해인사, 사천 다솔사 등에도 아자방식(亞字房式) 고래온돌(구들)이 있었다고 전해진다.

5. 칠불사 아자방의 비밀 배치현황과 기본구조

칠불사 아자방터의 내력

> 온돌의 옷인 집, 한옥
>
> 한옥은 터와 자리가 핵심이다.
>
> 터의 무늬가 '터무니'다.
>
> 아자방 비밀의 세 번째는 양지바른 곳 눈이 잘 녹는 곳 초식동물의 휴
>
> 식처 '자리' 곧 '터무늬'이다.
>
> 자리는 무엇인가?
>
> 예로부터 집을 지을 때 지관을 먼저 찾는다. 좋은 지관이 집 지을자리
>
> 를 잘 보기 때문이다.
>
> 지리산 계곡 깊숙이 자리 잡고 있는 하동 칠불사(七佛寺).

가야국의 시조인 김수로왕의 일곱 왕자부터 이야기가 시작되니까 거의 2000년의 역사를 가지고 있다. 반야봉자락 해발 800m의 터에 다 커다란 소가 감싸고 앞에는 섬진강이 흐르고 뒤로는 지리산 반야봉이 북풍을 막고 있는 양지바른 와우형(臥牛形)의 명당이다.

날카롭지 않고 무난한 듯 하면서도 은근히 밑에서 올라오는 기운이 강한 터이다.

신선들은 이런 터를 좋아했던 것 같다. 칠불사 뒤에서 토끼봉 사이의 능선 구간에 신선들 이야기가 많다. 이 구간에 4차원의 또 다른 공간이 있다고 도사들 사이에서 전해진다. 바로 금강굴(金剛窟)이다. 이 굴은 영안(靈眼)이 열린 사람들 사이에서만 가끔 보인다고 한

다. 수백 살 먹은 신선이기도 한 지리산의 개운조사(開雲祖師)가 바로 이 금강굴에서 자주 거처한다고 하여 개운조사 추종자들은 이 금강굴에 한번 들어가 보고 싶은 향수와 염원이 있다. 1980년대에 개운조사의 존재를 신봉했던 이 근방 군부대의 대대장이 장병들 수백 명을 풀어서 이 금강굴을 찾겠다고 대대적인 수색을 한 적도 있다. 엊그제 칠불사에 들러보니까 조선 중기 추월조능(秋月祖能) 대사의 고행했던 이야기가 나를 숙연하게 만든다. 닭이 서 있는 것처럼 뒤꿈치를 들고 발끝으로만 서서 다니는 수행을 했다고 전해진다. 이걸 계족정진(鷄足精進)이라고 한다. 칠불사 내의 특수온돌 선방인 아자방(亞字房)에서 머무를 때는 항상 뒤꿈치를 들고 있었다. 그러고는 매일 20리 넘게 떨어진 쌍계사에 가서 참배하였다. 쌍계사 탑전에는 육조혜능 대사의 두개골인 육조정상(六祖頂相)이 모셔져 있었기 때문이다. 쌍계사까지 왕복 50리 길을 갈 때는 등 뒤에다가 10kg 정도의 돌을 메고 다녔다. 때로는 호랑이가 나타나 조능대사의 등에 멘 돌을 받쳐주기도 했다고 한다. 고행이 계속되니까 어느 날 조능대사의 종아리에서 피가 터졌다. 피가 흥건하게 아자방 바닥에 스며들었다. 후학들은 피 묻은 바닥을 떼어다가 아자방 다락에 보관하였다. 게으른 마음이 들면 피 묻은 장판을 쳐다보는 관습이 있었다. 조능대사는 죽을 때 앉아서 죽었고, 앉은 채로 죽은 시신을 항아리에 담아 그대로 묻었다. 지금 부도전 위쪽의 왼쪽에 있는, 이끼가 낀 두꺼운 넓적바위는 그 시신 항아리를 덮어놓은 뚜껑이다. 부도전에서 바라보니까 지리산 영봉들이 안개에 둘러싸여 있다.

아자방이 있는 칠불사에는 다음과 같은 내력이 있다.

서기 48년, 가야국 김수로왕은 인도 아유타국의 공주인 허왕옥(김해 허씨 시조)을 왕비로 맞아 10남 2녀를 두었던바, 넷째 왕자부터 일곱 왕자가 외삼촌인 장유보옥스님을 따라 출가하여 가야산에서 3년간 수행하다가 단기 2436년, 서기로는 104년, 수로왕 62년 8월 15일(신라 사파왕娑婆王 24년) 지리산 반야봉 아래 운상원(雲上院)에서 모두가 성불하였는데, 장유화상이 절터를 찾아다니던 중 지금의 아자방터가 겨울에도 눈이 쌓이지 않고 녹아버리는 것을 보고 이곳에 자리를 잡았다.

이에 수로왕은 크게 기뻐하며 그곳에 큰 절을 짓고 일곱 부처의 의미로 '칠불사(七佛寺)'라는 이름을 지었고, 단기 2452년, 그 당시 선승이던 담공 선사(曇空 禪師)가 한번 불을 때어 100일을 난방하였다는 온돌모양이 아(亞)자 형태인 아자방(亞字房) 구들을 만들어 아자방 고래 온돌의 역사가 시작되었다고 한다.

그 후 아자방 건물은 1500년대 말, 임진왜란 때 무참히 불타 할퀴어진 것을 서산·부휴대사가 중수했으나 구한말인 1880년에 또다시 실화(失火)로 모든 건물이 잿더미로 변했다. 그 당시 금담·대은율사가 다시 복구한 건물은 여수 순천10.19사건 때 공비들의 연락처라 하여 우리 국군에 의해 또다시 불태워진다.

그러나 땅속에 있는 구들이 불탄 것이 아니라 아자방 건물, 벽안당이 불에 탔을 뿐이다. 구들은 워낙 불을 좋아하고 불과 함께 살고 있으니 아마 불과는 그리 가까이 지냈는지도 모르겠다. 어쨌든 유서 깊은 사찰 중에서 청림사, 의상암, 실상사, 도솔사 등 당시에 남부군과 군경사이의 전투로 말미암아 모두 돌이킬 수 없이, 숱한 문화재들이 불 타버렸으니 아무리 천하의 아자방이라 하더라도 어쩔 수 없었으리라.

| 그림 15 | 칠불사 대웅전 복원 후의 모습 왼쪽에 무너진 채 덮혀있는 곳이 아자방터이다

그 후 1976년, 경상남도에서 유형문화재 제144호로 지정한 것은 아자방이 아니라 아자방지(址)일 뿐이다. 지금은 아자방 자체를 국가유형 문화재로 을리는 일을 하고있다. 진즉에 해야할 일이 이제서야 하고 있다고 볼 수 있다.

1977~1978년, 쌍계사의 주지스님이던 통광(通光)스님이 불사를 일으켜 아자방을 비롯한 가람을 다시 짓게 되었고, 1982년 당시 구들장인 故 김용달 옹(翁)의 작업으로 해체된 구들을 수리한다고 하였으나 본래의 구조를 완전하게 되살리지 못하여 실제 온기가 머무는 기간이 보통의 고래온돌처럼 며칠을 넘기기 어려웠다.

현재 아자방 구들에 대한 구체적 기록은 1830년(순조시기) 대화재로 소실되어 금담선사(金潭禪師)와 대은선사(大隱禪師)의 노력으로 5년 만에 사찰의 모든 건물을 중창하였는데, 아자방도 이때 중건되었다.

이전에도 여러 차례 중수가 있었을 것으로 추정되는데 특히,《난중잡록(亂中雜錄)》권3에 언급된 내용을 살펴보면 임진왜란 당시인 선조 31년(1598년) 4월 10일 곤양 주둔해 있던 왜적 400여 명이 지리산 일대로 쳐들어와 백성을 살육하고 칠불암으로 돌아와 다시 집결하였다는 기록으로 보아 임신왜란 당시 칠불사의 전각과 함께 아자방도 많은 훼손이 있었을 것으로 추정된다.

따라서 광해군(1608~1622년) 당시 부유당 선수대사가 칠불사의 전각을 중수하였는데 이때 아자방도 중수되었을 것이다. 일설에는 아자방 초장 이후 구들의 원형이 변화되지 않았고 100년에 한 번씩 구들 안쪽으로 물청소를 하였다고 하나 불을 계속 쓰는 구들 구조의 특성상 얼마간의 중수는 계속 필요했을 것으로 생각된다.

지리산 칠불사에는 11동의 건물이 있었으나 여러 차례의 증개축을 하며 모습을 유지하다가 1949년 1월 여수 순천10.19사건 때 국군이 작전상 이유로 칠불사의 모든 전각을 완전히 전소시켰으며 단지, 아자방의 구들만이 원상태로 남게 되었다.

그 후 아자방의 구들은 1982년 지금의 모습으로 복원되었다. 복원 당시 원래 구들의 모습을 기록한 자료가 남아있어 당시 구들 모습을 알 수 있다. 그러나 일제 강점기 동아일보 1939년 9월 8일자 "천년아자방의 신비편"의 기사를 살펴보면, "암내에 아(亞)자형 이중온돌방(二重溫突房)이 있는데 신라 지마왕 8년에 담공선사가 축조한 것으로, 천여 년의 장구한 역사를 가지고…한번 불을 때이면 3일간은 온기가 골고루 지속된다는데 고석(古昔) 우리의 교묘(巧妙)한 예술에 탄복할 따름이다."라는 기사가 나온다. 한번 불을 때면 100일 혹은 49일 정도 온기가 있었던 것은 과장된 것인지, 아니면 순조 32년(1832년)에 복원되면서 구들의 형상이 바뀌어 온돌의 성능이 저하되었는지 알 수 없다. 따라서 당시에는 민가에서는 부뚜막 구들이 보편적으로 설치되는 시절로 하룻밤 정도 따뜻한 것이 일반적이기에 3일간 따뜻한 것이 뉴스거리가 되었다고 볼 수 있다. 아자방지(亞字房址)가 1976년 12월 20일 남아있는 구들의 우수성 등이 인정되어 경상남도 유형 문화재 제144호로 지정되었다.

아자방 온돌의 비밀, 아궁이 구조

몇 번이나 강조하지만 온돌의 특출남은 문화적인 부분을 넘어서 환경적·실용적인 부분에서도 뛰어남을 자랑한다. 특히 온돌을 대표하는 최고의 건축물이 있다. 바로 한번 불을 때면 49일간 따뜻하고 동안거와 하안거 90일간이나 온기를 간직했다는 전설적인 구들, 지리산 칠불사 벽안당 아자방이다. 경남 하동의 지리산 반야봉 양지바른 쪽에 위치하고 있다. 구들방의 모양이 버금 아자 모양이라서 아자방이라고 하고 구들 고래의 형상이 아자형태라서 아자방이라고도 하는데, 과연 그 시기에 그만한 효능의 구들이 있었을까?

그래서 아자방의 네 번째 비밀은 가마형태의 '아궁이의 구조'이다.
숯가마구조인가 도자기를 굽니 가마형태인가?

아자방의 구조를 보면, 남북 장방형으로 놓인 정면 5칸, 측면 2칸 맞배집인데 남쪽(정면 우측) 2칸은 공양간으로 되어 있고 북쪽(좌측) 3칸은 구들방으로, 방의 서쪽은 툇간을 두어 툇마루를 만들었다. 그런데, 이 3칸 방의 평면이 한자의 아(亞)자 모양으로 '亞' 형태로 되어 안쪽 십자(十字)부분은 한단 낮게 꾸미고, 네 귀는 높게 만들었는데 앉았을 때 발바닥이 편안하고 여유롭게 바닥에 닿게 되어있다.

대개의 온돌방 구조가 일자형(一字型)인데 비해 아자방은 격자형(格子型)을 하고 있는 것이다. 중국의 만주지방에 가면 만주족들은 'ㄷ'자 형태의 구들인 것을 흔히 볼 수 있는데 가운데가 '十'자 모양인 경우는 없다. 청나리 초기에 지어진 선양고궁에서 같은 모양을 볼 수 있다.

그리고 불을 때는 곳은 큰 함실아궁이를 두어 불길이 부채살 모양으로 들어가 남북으로 놓인 줄고래를 통하여 북쪽 벽 바깥 가운데에 있는 굴뚝으로 연기를 내보냈으며 고래의 폭은 거의 30㎝ 정도로 같았고 고임돌의 높이는 40㎝ 이상인데 아궁이쪽은 더 깊게 하여 구들장도 더 두껍게 얹히도록 했다. 그래서 그 높이를 모두 합해서 아랫목의 두께가 바닥에서부터 여섯자, 그러니까 1.8m가 넘는 높이의 두께다. 우리가 일반적으로 생각하는 그런 고래온돌과는 스케일이 다르다고 볼 수 있다.

그리고 방바닥 장판의 두께도 가죽을 포함하여 약 10㎜나 될 만큼 두꺼웠으며 장판끼리 맞닿은 곳과 사면 주위전체를 주석으로 장식하였다. 그래서 건물 이름도 "亞字房"이다. 50여 명의 스님들이 동시에 참선할 수 있었던 이 아자방은 16평 정도 크기로, 위치에 따라 용도가 달라서 방의 네 모퉁이와 가장자리의 높은 곳은 좌선의 장소이고, 십자형으로 된 낮은 공간은 좌선하다가 다리를 푸는 경행처(輕行處)로 되어있다.

최근 이 아자방지가 정밀 실측 조사되고 그 구들을 2016년부터 해체하여 복원 중에 있다. 해체 과정 중에서 일부 현재 구들이 축조되기 전의 일부 아궁이 흔적이 발견되어 지금 현재 사용 중인 해체하는 온돌 이전의 온돌유구의 발굴조사를 진행하며 현재 동일한 구조와 크기로 체험관을 축조하였다.

처음 해체를 하면 비밀스런 구조가 혹시 나오지 않을까 하는 기대를 가졌지만 해체결과 9고래 형태의 줄고래로 규모가 일반적인 것보다 큰 것 이외에는 특히 다른 것이 발견되지 않아, 단순 복원사업을 발굴사업으로 변경하였다. 그 목적은 아직 흔적이 남아있는 보조아궁이와 1982년에는 복원 당시 훼손된 원래 아궁이의 형태와 규

| 그림 16 | 1981년 발굴 수리 전 아자방의 모습으로
왼쪽에 무너진 채로 함석으로 덮혀있다

| 그림 17 | 최근 실물크기로 복원된 아자방 체험관 전경

모를 정밀하게 조사하고 혹시 매장된 고려 혹은 그 전시기의 유구를 기대하여 복원사업을 중지하여 미루기로 하고 발굴 작업으로 대대적인 정밀 조사에 들어가게 되었다. 그러나 지금까지의 해체와 발굴조사 결과 아쉽게도 뚜렷하고 특별한 단서가 될 만한 시설이나 구조가 발견되지는 않았지만, 전체적으로 보면 온돌 장인들이 알고 있는 기본적인 기술에 충실한 형태라고 여겨지고 보조아궁이의 위치와 크기 그리고 지금보다는 훨씬 길이가 2m 가량의 큰 원래 아궁이의 크기와 길이 등이 나타났다.

그리고 고려시대의 기층에서 다수의 건축물 축조 흔적과 석렬 등

| 그림 18 | 실물크기의 체험관은 발굴을 토대로 하여
2m 정도의 크기의 가마형 아궁이로 복원되었다

의 시설이 출토되어 현재의 아자방이 조선시대가 아닌 고려시대에 이미 존재하였음을 증명하는 성과를 거두었다. 다만 정확한 초기 원형 아궁이의 크기와 형태 등을 특정할 수 없다는 발굴단의 종합 판단이 결론으로 나와 아쉬움이 있다. 다만 그간 전해 내려오는 말처럼 오랜 기간 온기를 간직하기위해 장작을 한꺼번에 적재할 수 있는 아궁이의 존재를 추측할 수 있는 단서가 될 수 있는 '확돌'을 발굴한 것이 가장 큰 소득이라 할 수 있다.

과거 우리나라에서는 많은 가마터가 있고 토기를 굽기 위한 시설들이 많이 있었고, 또한 철기와 청동기를 사용하기 위한 용광로의 기술 등이 발달했기에 에밀레종과 같은 불후의 명작을 만들었을 것이기 때문에 발굴된 고려시기의 확돌을 근거로하여 지금보다 훨씬 큰 가마형 아궁이는 충분히 예측할 수 있다.

이 발굴조사결과를 토대로 현재 아자방의 복원을 1982년 이전의 원형의 구조와 형태로 하기로 결정하고 현재는 알 수 없는 아궁이의 상부구조에 대한 많은 논의가 있었다. 발굴결과 아궁이의 길이는 2m 정도이고 대체적으로 그간 내려오던 장정 여럿이 장작을 지고 들어가는 정도의 규모를 생각하면 숯가마 형태일 것이라는 추정이 가능하였지만 그 가마형 아궁이의 구체적인 형태나 구조에 아직까지 한국에서는 사용된 사례가 없었다.

그래서 먼저 아자방 체험관을 기존 아자방의 원형과 같은 1:1의 비율로 기존 발굴내용을 기초로 건립하여 충분히 온돌의 효과를 검증한 후에 그 성능이 확인되면 새롭게 복원되는 아자방의 아궁이 등 훼손되고 멸실된 부분을 복원 할 때 그 기능이 충족되고 최대한 원형이 유지되도록 적용하고자 했다. 그래서 아자방 체험관은 원래 아자방을 복원하기 위한 기초 자료를 확보하는 것이 1차적인 건립 목적이었다. 그리고 이러한 일련의 해체 발굴 복원 그리고 새로운 아자방의 건립은 기존 문화재 아자방과는 별개로 우리 선조들의 찬란한 온돌 기술과 문화를 일반인에게 공개하여 체험할 수 있게 한 체험관 아자방을 계획 설계 시공되었다.

6. 아자방 중건 및 수리 내역

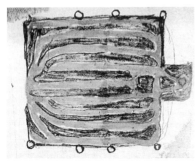

| 그림 19 | 1982년 발굴 후 실측당시 도면
- 구새로가는 굴뚝(연도)

| 그림 20 | 아자방 체험관의 구들 고래와 함실
(81년 발굴 당시 도면을 참고로 발굴된 아궁이 바닥을
기초로 상부 가마형으로 복원되었다)

1982년에 해체하여 수리할 때 조사된 바에 의하면 - 그 당시 나라에서는 발굴비용만 주었고 수리는 사찰 자체의 비용으로 충당했다. - 이때에도 통광스님이 일으킨 불사로 지금의 아자방이 지어졌다고 볼 수 있다. 게다가, 1m 이상의 바닥 두께나 10㎜ 두께의 방바닥 장판이었다는 것은 일반인들이 상상하기는 그리 쉽지 않다.

구들장을 고이는 고임돌은 기와조각과 돌로 쌓았고, 고래를 형성하는 구들돌은 불을 처음 맞는 아궁이쪽에 더 두터운 것을 사용하였으며, 북쪽 굴뚝으로 빠지는 골 밖에서 한 단 더 떨어뜨려 개자리를 둔 것으로 추정하였다. 아자방 구들돌 두께는 20㎝가 넘는 것들이 상당수 발굴되었다. 지금 사용하는 돌들의 평균 두께 5㎝와 비교하면 또 한번 놀라게 된다. 아궁이는 가운데에 큰 함실이 있는 아궁이와 확실치는 않으나 가운데 아궁이 한쪽 끝에 외골 고래용 아궁이 흔적이 발견되었다. 따라서 일부에서 아궁이가 원래 셋이라는 등의

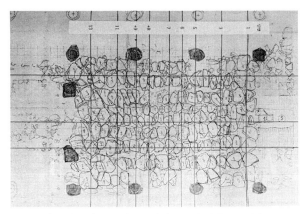

| 그림 21 | 1982년 발굴당시 구들장 배치도 스케치

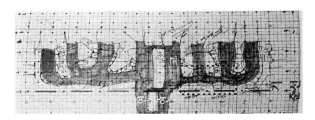

| 그림 22 | 굴뚝(연도 와 고래 개자리 부분 스케치) 9고래 중
가운데 고래부분이 막혀서 8고래가 표현되었다

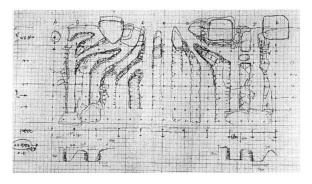

| 그림 23 | 1982년 발굴 복원 당시 아궁이 부분,
고래 둑 스케치로 9개 고래가 선명히 표현되었다

| 그림 24 | 2009년에 주지스님과 아자방 이맛돌,
아랫목돌 보수공사완료 후 기념사진

주장이 있었다고 생각된다.

아궁이에서 회굴쪽으로의 종구배는 급한 경사 각도를 보였으며 아궁이 쪽으로는 사람이 드나들 수 있는 여섯자 높이였다는 이야기가 틀리지 않았음을 알 수 있다.

부뚜막 아궁이로 개조된 지금의 아궁이는 겉으로는 일반적인 아궁이와 거의 같은 크기이고 함실부분에서는 앉아 있을 정도의 높이인데, 원래의 모습과는 무관하게 수리되었다. 2004년 말에는 방바닥이 많이 훼손되어 첨가제가 들어있는 황토 몰탈로 몇 센티미터 정도 새로 깔고 장판도 새로 입혔다.

'千年의 秘密' 아자방 온돌

한옥의 심장은 온돌

국지기후를 이용한 자연형 냉난방법 - 양지바른 곳 - 지관

초식동물 약자 동물이 머물고 쉬는 곳 - 닭이 알을 품는 곳으로 습하

거나 차갑지 않는 곳

배산임수로 북풍을 막아주고 겨울햇볕을 잘 받을 수 있는 곳

장마가 지나면 가을이다. 짧은 가을이 지나면 곧 겨울이 온다. 눈보라치는 엄동설한 칼바람 불어오는 겨울이 오면 한국인이라면 누구나 따끈한 구들방이 그리워지리라. 한옥은 겨울용 온돌과 여름용 마루가 한 공간에 있는 독특한 구조이다.

기단이나 머름이 있는 이유도 온돌과 관련이 깊다. 중국, 일본도 전통건축은 우리와 같은 중목구조이나 가장 큰 차이점은 바닥난방 시설인 온돌(구들)의 유무에 있다. 머름과 기단이 우리 한옥의 멋과 조형성 만을 위한 것이 아니라 바로 온돌의 영향이 크다. 온돌이 바닥 구조물로 1m 정도의 깊이로 방바닥에 고래를 설치해야하는 빈 공간이 필요한데 배수와 지중기초구조 등을 고려할 때 기단은 필수적일 수밖에 없기 때문이다. 또한 한옥창호의 필수 구조인 머름역시 창호의 비례나 마당으로 부터의 시선 차단 등의 효과도 있지만 설비적으로 보면 툇마루가 달린 쪽의 문을 열더라도 구들 방바닥 온도의 급격한 변화를 막을 수 있는 효과적인 장치가 된다. 발은 따뜻하게 하고 머리는 차갑게 유지하는 두한족열을 지향하는 건강건축을 위한 구조가 바로 머름(한옥 창호아래 실지된 높은 문지방을 말한다)인 것이다.

이 온돌을 대표하는 최고의 건축물이 바로 아자방 온돌이다. 한번

불을 때면 49일간 따뜻하고 동안거와 하안거 90일간이나 온기를 간직했다는 전설의 구들, 지리산 칠불사 벽안당(일명 아자방)구들이다. 구들방의 모양이 버금 아(亞)자 모양이라서 아자방이라고 하고 구들 고래의 형상이 아(亞)자형태라서 아자방이라고도 하는데, 과연 그 시기에 그만한 효능의 구들이 정말 있었을까?

일제 강점기 동아일보 1939년 9월 8일자 "천년아자방의 신비편"의 기사에 따르면, "암내(당시는 칠불사가 아니고 칠불암이었음)에 아자형(亞字形) 이중온돌방(二重溫突房)이 있는데…한번 불을 때이면 3일간은 온기가 골고루 지속된다는데….".라는 기사가 나온다. 이는 당시 일반 민가에서는 부뚜막 구들이 보편적으로 설치되는 시절로 하룻밤 정도 따뜻한 것이 일반적이기에 3일간 따뜻한 것이 뉴스거리가 되었다고 볼 수 있다.

이 아자방은 방 가운데를 중심으로 좌우측을 "ㄷ형" "ㄱ형"으로 하여 방 안 네 귀퉁이에 바닥보다 350㎜ 정도 높은 참선을 위한 '좌선처'를 마련하고 가운데 서서 휴식하는 '경행처'를 두는 구조이다. 과학적 논리에 근거하여 볼 때 49일간 따뜻했다는 것은 거의 불가능한 이야기로 여겨질 수 도 있지만 아자방 구들은 열역학의 기본 원칙을 거스르지 않고 숯가마처럼 불을 꺼트리지 않은 채 많은 양의 땔감을 서서히 오래 타게 하면서 장시간 축열하고 천천히 발열 시키는 데 그 비밀이 있다고 볼 수 있다.

① 운상선원은 옥보대라고도 하는데, 장유보옥선사의 이름을 따서 옥보대라고 한다는 설과 거문고 전승자인 옥보고의 이름을 따랐다는 설이 있다.

② 진웅(震應)의 《지리산지(智異山誌)》에 의하면 지리산은 칠불조

'千年의 秘密' 아자방 온돌

사(七佛祖師)인 문수보살이 머무는 곳이기 때문에 칠불암(七佛庵)이라고 하였다고 한다. 이 중 가락국 7왕자의 성불 및 창건설이 가장 많이 채택되고 있다. (한국민족문화대백과사전22, p.782)

요즘 같은 하수상한 시절에는 온국민 모두가 1~2주 황토구들방에 쉬면 어쩔까 생각을 해본다. 불교에서는 동안거와 하안거 기간 동안 칩거하면서 수도를 한다.

한번 불을 때면 100일 혹은 49일 정도 온기가 있었던 것은 과장된 것인지, 아니면 순조 32년(1832년)에 복원되면서 구들의 형상이 바뀌어 온돌의 성능이 저하되었는지 알 수 없다.

아자방지(亞字房址)가 1976년 12월 20일 남아있는 구들의 우수성 등이 인정되어 경상남도 유형 문화재 제144호로 지정되었다.

우리 겨레는 불을 깔고 앉고 불 위에 눕는 불을 잘 다루는 불같이 뜨거운 민족이다. 아자방은 우리민족의 불을 다루는 솜씨가 얼마나 뛰어났는지를 보여주는 걸작 중에 걸작이다. 중국 농촌에서는 아직도 왕겨를 연료로 하여 함실을 지하실에 두고 많은 양의 왕겨를 지하함실에 채워두고 한 달 내내 타들어 가게 하는 구들이 있다. 불의 특성상 발화온도가 유지되고 일정량의 산소만 있으면 계속 탈 재료가 없어질 때까지 타는 특징이 있기 때문이다.

최근 아자방지가 정밀 실측 조사되고 그 구들을 해체 복원 중에 있다. 해체 과정 중에서 일부 현재 구들이 축조되기 전의 일부 아궁이 흔적이 발견되어 지금 현재 사용 중인 해체하는 온돌 이전의 온돌유구의 발굴조사를 진행하였다.

과거 우리나라에서는 많은 가마터가 있고 토기를 굽기 위한 시설들이 많이 있었고, 또한 철기와 청동기를 사용하기 위한 용광로의 기술 등이 발달했기에 에밀레종과 같은 불후의 명작을 만들었을 것이기 때문에 이 확돌을 근거로하여 지금보다 훨씬 큰 가마형 아궁이는 충분히 예측할 수 있다.

이 발굴조사결과를 토대로 현재 아자방의 복원을 1982년 이전의 원형의 구조와 형태로 하기로 결정하고 현재는 알 수 없는 아궁이의 상부구조에 대한 많은 논의가 있었다. 발굴결과 아궁이의 길이는 2m 정도이고 대체적으로 그간 내려오던 장정 여럿이 장작을 지고 들어가는 정도의 규모를 생각하면 숯가마 형태일 것이라는 추정이 가능하였지만 그 가마형 아궁이의 구체적인 형태나 구조에 아직까지 한국에서는 사용된 사례가 없었다.

그래서 먼저 아자방 체험관을 기존 아자방의 원형과 같은 1:1의 비율로 기존 발굴내용을 기초로 건립하여 충분히 온돌의 효과를 검증한 후에 그 성능이 확인되면 새롭게 복원되는 아자방의 아궁이 등 훼손되고 멸실된 부분을 복원 할 때 그 기능이 충족되고 최대한 원형이 유지되도록 적용하고자 했다. 그래서 아자방 체험관은 원래 아자방을 복원하기 위한 기초 자료를 확보하는 것이 1차적인 건립 목적이다. 그리고 이러한 일련의 해체 발굴 복원 그리고 새로운 아자방의 건립은 기존 문화재 아자방과는 별개로 우리 선조들의 찬란한 온돌 기술과 문화를 일반인에게 공개하여 체험할 수 있게 한 체험관 아자방을 계획 설계 시공하였다.

평면구성은 정면 5칸 측면 2칸으로 참선수행을 위한 선방을 상대적으로 크게 하고, 또한 실질적인 정면은 건물의 뒤편에 두어 스님들의 참선 수행하는데 있어 일반인들로부터 방해를 받지 않도록 배려한 것을 볼 수 있다. 특히 부엌과 선방의 단차를 1,600㎜ 정도 두

'千年의 秘密' 아자방 온돌

고 선방부분에 전통구들을 설치한 수법을 통해 우리나라 전통 온돌 문화의 특징을 잘 보여주고 있어 문화재로서 가치를 충분히 가지고 있다고 볼 수 있다.

실측조사보고는 경상대학교 고영훈 교수팀이 2013년 4월 15일부터 2013년 6월 31일까지 기본실측조사와 보완실측조사를 하였고 2013년 7월 1일부터 2013년 8월 24일까지 실측도면 작성과 보고서를 발간하였다. 현재 중국 요녕성 선양지역에 우리 아자방과 유사한 형태인 구들이 있다. 중국 동북삼성지역으로 옛 고구려 수도가 있던 지역으로 청나라 1대 황제 누르하치가 있던 곳이다. 우리 아자방과 동일하게 경행처, 참선처 모두가 바닥에 온돌이 설치되어 있다. 그리고 중국 동북지역 농촌지역에 아궁이가 지하실형태로 되고 그 속을 왕겨로 가득 채워 한달 정도 불이 꺼지지 않고 천천히 타들어 가게 하는 아궁이가 있다. 이번 아자방 체험관은 산소를 천천히 주입하여 오래 타게 하는 원리와 만주지역 고궁구들인 완즈캉(卍字炕)구들을 참고하였고(〈그림〉 참고) 여주 이천 등지의 가마시공전문가의 도움을 받아 가마형 함실아궁이를 완성하였다. 아궁이는 실제 가마형태이지만 도자기를 굽는 용도가 아니고 열을 저장하고 발열하는 기능을 위해서 가마형 함실 양쪽 측면에 홍예 형태로 양가로 들어가는 고래로 연결되는 부넘기를 만들고, 함실속에서 발생한 열을 상하층 고래별로 골고루 분배하는 기능을 위해 와적을 이용한 매화구들형태를 적용하였다.

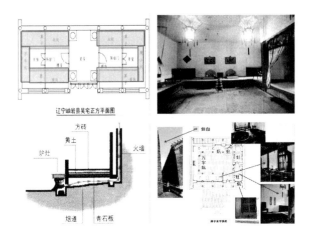

| 그림 25 | 중국 선양 만주지역 청나라 고궁 구들

① 횡단면상의 횡구배를 보면 아자방 체험관의 단면계획은 함실아
궁이 바닥에서 방바닥 마감까지의 높이 차이를 2,700㎜를 기준으로
하였고 방바닥과 구들의 높이를 감안하여 구들이 시작되는 부분의 고
래바닥은 아궁이 바닥 1,200㎜단차를 두고 구들이 끝나는 고래개자리
부분과는 1,800㎜로하여 바닥 경사는 600㎜로 계획하였다.

② 구들이 시작되는 종단면상의 종구배를 보면, 높이 차이는 아궁
이 부분에서는 중앙부와 양 끝은 300㎜ 단차로 경사를 두었고 중앙
부에서는 중앙에서 양 끝 쪽으로 150㎜ 경사를 두었다. 횡단면상으
로 양쪽 장변쪽의 단차는 300㎜ 구들방 중앙부의 아궁이쪽 바닥과
고래개자리쪽 단차는 600㎜로 계획하여 전체적으로 바닥경사는 종
구배와 횡구배가 배의 바닥과 같이 함실아궁이가 가장 낮고 고래개
자리와 아궁이 좌우측 측벽쪽으로 조화롭게 올라가는 구배가 되도
록 계획하였다.

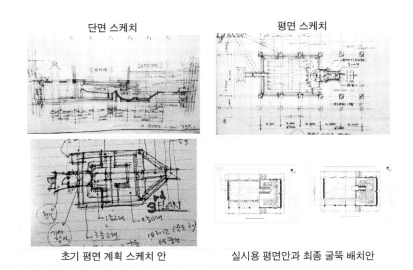

단면 스케치　　　　　　　　평면 스케치

초기 평면 계획 스케치 안　　　실시용 평면안과 최종 굴뚝 배치안

| 그림 26 | 체험관 평면 초기 스케치와 실시용 평면도

　이번 해체와 발굴조사를 통하여 고려시대의 확돌과 석렬이 발견되어 지금까지 알려진 조선시대의 온돌유적이 아니고 신라 담공선사가 만든 시대의 것을 발굴하지 못하였지만 최소한 고려시대에 아자방지가 존재했음을 밝혀졌다. 또한 보조아궁이가 있어 큰방을 데우면서 오래 불을 머무르게 하는 기술을 찾아 체험관에서 재현 할 수 있었으며 가마형으로 추정되는 아궁이 전면부가 발굴되어 문헌으로만 알려진 아궁이의 크기가 일부 규명되었고 특히 이번 체험관 공사를 통하여 가마 형 함실과 아자방을 1:1규모로 재현하여 그 성능과 객관성을 입증한 것은 가장 큰 성과라 하겠다.

　이같이 칠불사의 아자방 구들은 우리나라를 대표하는 전통온돌로서, 불을 때 방바닥의 온도를 높여 난방을 하는 고유한 전통문화를 이해하고 계승 발전시켰다는 점에서 건축사적 의미가 매우 크다. 또한 칠불사는 지리산의 문수보살의 기도처인 동국제일선원으로 이름이 나있는데, 그 중심에 아자방이 있다. 따라서 이 아자방은 창건 이래 우리나라 불교를 대표하는 많은 선승의 수행처로서 불교사적으로도 의미가 매우 크다.

아직은 아자방의 흔적이 고려시기에 머물고 있지만 향후 아자방지 부근의 유적들이 추가로 발굴되어 신라 담공선사가 지었다는 아자방의 흔적들을 찾아지기를 기대한다.

대개의 온돌방 구조가 일자형(一字型)인데 비해 아자방은 격자형(格字型)을 하고 있는 것이다. 중국의 만주지방에 가면 고구려의 후예라고도 볼 수 있는 만주족은 'ㄷ'자 형태와 아(亞)자의 구들인 것을 흔히 볼 수 있다.

한옥의 심장은 온돌 - 한옥의 키워드는 건강건축

바야흐로 따끈한 구들방 아랫목이 그리운 계절이 왔다. 한옥은 겨울용 온돌과 여름용 마루가 한 공간에 있는 독특한 구조이다. 중국, 일본의 전통 주택과 한옥의 가장 큰 차이는 바닥난방시설인 온돌(구들)에 있다. 온돌은 건축시설이지만 한옥의 민속문화의 핵심이다. 그래서 한옥의 구조는 그 자체로 구들을 보호하기 위한 것이라 할 수 있다. 구들 아래의 흙은 장마철 습기를 흡수했다가 날이 건조해지면 이를 방출하는 방식으로 방 안의 습도를 조절한다. 여름철에는 땅에서 올라오는 습기를 차단하고 겨울철에는 지열을 저장해준다. 이와 같이 온돌은 복사와 전도, 대류의 열전달 3요소를 모두 고려한 독특하면서도 친환경적, 과학적인 난방법이다.

전통온돌을 시공하는 주택은 단열규정을 완화해야

이와 같이 우리 한옥의 키워드는 상극이 아니고 상생이다. 즉 '너를 죽여야 내가 사는 것이 아니고 네가 살아야 나도 산다.'이다. 한겨울에는 마당과 마루는 버리고 오로지 방안에서 겨울을 보냈다. 그 방도 다 사용하기 보다는 윗목은 요강의 물이 얼 정도로 춥게되어 아랫목 만으로 한겨울을 났으니 그야말로 최소면적을 데워서 아랫목 이불 속에서 가장 적은 에너지를 사용하는 구조이다. 실내외 기온차가 적을 수로 에너지의 부하가 줄어 에너지를 절약하게 된다. 지금 현대의 주택은 방안의 온도를 따스하게 유지시키는 단열 벽체가 주택에서 아주 중요한 요소이지만, 한옥 온돌방의 단열재는 벽체가 아니고 아랫목에 깔아놓은 '이불'이라 할 수 있다. 이와 같이 한옥의 특징은 실내온도를 낮추면서도 이불 속 온도를 높여 수승화강(水昇火降)의 원리에 입각한 두한족열(頭寒足熱)로 쾌적도를 유지하는 에너지 절약형 시스템이다.

겨울을 나는 방식으로 곰은 잠을 자고, 호랑이는 먹잇감이 부족한 한겨울에는 더욱더 열심히 사냥을 하면서 겨울을 난다. 어느 것이 더 바람직 할까? 우리가 전에는 '약육강식', '적자생존', '강한 자가 살아 남는다.'고 배워왔다. 그 때에는 서양의 문물이 본격적으로 들어오면서 능동적이고 진취적인 삶이 최고선이었다. 그러나 최근 서구에서 들어오는 첨단 생태건축 이론은 패시브 하우스(Passive House)이다. 직역하면 '수동형 주택'이지만, '자연형주택' 혹은 '자연친화(순응)형 주택'이 더 적절한 번역이라 할 수 있다. 우리 한옥은 호랑이와 같은 삶이라기보다는 곰 같은 삶으로 겨울을 지냈다고 볼 수 있다.

우리 전통온돌을 현대과학으로 연구한 최초의 학자

우리 전통온돌을 현대과학으로 연구한 최초의 학자는 세브란스병원의 의사를 지낸 현규환 박사이다. 그는 1930년대 일제 강점기 만주의과대학시절에 보건의학교실의 주요 연구 '온돌과 캉(炕)의 위생학적 연구'에서 조선인·만주인·중국인에 따른 종류별 온돌의 구조와 원리 및 지역별 분포 등을 아주 상세히 조사하고, 침상 내 이불 속 온도에 따른 쾌적감 등을 체계적으로 연구하였다. 그의 연구에 따르면 한민족의 온돌은 우리 주거문화의 핵심이고 건강건축의 중요한 요소로 보고있다. 그러나 최근 건축법에 따른 벽채의 단열규정으로 말미암아 건강건축으로서의 한옥의 정체성이 점점 없어지고 있다. 주택은 휴식을 위한 침실의 환기와 쾌적한 산소공급이 중요하기 때문에 전통 온돌이 설치된 주택의 경우에는 침실만이라도 건축법상 과도한 단열조건을 완화 시켜야 이불 속 온도를 쾌적의 조건으로 하는 우리민족의 온돌전통이 유지될 수 있다.

아자방, 천년의 비밀을 풀리다

2019년 9월에 열린 국제온돌학회와 하동군이 공동으로 주최한 제18차 국제학술대회는 우리나라의 대표적인 온돌인 칠불사 아자방을 주제로 그간의 아자방의 발굴과 재현한 성과를 공개하였다. 아자방의 놀라운 비밀을 현대 기술로 밝히고 반만년을 이어온 온돌난방의 원천기술을 현대에 접목해 인류의 위대한 발명인 바닥난방문화를 한층 계승 발전시켜 나가는 행사였다. 칠불사의 아자방은 실내 모습이 한자의 아(亞)자와 같은 형태로 지어진 곳이라 하여 아자방이라 이름 지어졌으며, 스님들이 수도를 하는 좌선처와 경행처를 두고 있는 독특한 구조이다. 아궁이는 장정이 지게를 지고 들어갈 만큼 거대하고, 한 번 불을 때면 긴 겨울 동안거 동안 수행을 하던 스님들을 위해 49일간이나 따뜻하고 100일간 온기를 간직했다는 놀라운 기록이 남아있는 우리 온돌 역사의 자부심이다.

지리산자락에 위치한 이 아자방은 신라 효공왕(재위 897~912년) 때 구들도사로 불리던 담공 선사가 칠불사에 축조한 아자형의 온돌방으로, 네 모퉁이를 바닥보다 35㎝ 높게 잡아 스님들이 면벽 수행을 할 수 있도록 돼 있다. 아자방은 만든 이래 1000년을 지내는 동안 한번도 고친 일이 없다는 기록이 있는데, 안타깝게도 순조 30년(1830년)에 화재로 소실되어 개축했으나, 다시 1949년에 여수 순천10.19사건으로 국군에 의해 작전상 이유로 소실되었다. 1982~1983년에 복원 사업을 벌이면서 당시 시굴 조사에 참여한 변철수(당시 문화재관리국 직원에 따르면 1m 이상의 구들과 10㎜ 두께의 방바닥장판, 구들장의 두께는 20㎝ 이상 되는 것이 많이 조사됐으나 서둘러 공사를 마치는 바람에 원형이 많이 훼손된 것은 큰 아쉬움으로 남았다.

2015년부터 4년간 이뤄진 아자방 해체·발굴조사 결과 고래(구들장 밑으로 낸 고랑) 둑은 8조가 설치돼 있었으며, 축열 기능을 높이기 위해 기와를 쌓아 만든 것으로 확인되어 체험방의 재현으로 겨우내 한 번 불을 때면 100일간 따뜻했다는 기록이 전해 오는 칠불사 아자방(亞字房)의 천년 비밀의 일부가 풀렸다.

온돌문화 세계문화유산등재의 시동을 건다.

아자방은 우리 민족이 불을 다루는 솜씨가 얼마나 뛰어났는지를 보여 주는 걸작 중에 걸작이며 우리나라 전통 온돌문화의 특징을 잘 보

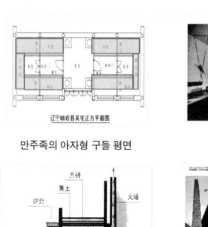

만주족의 아자형 구들 평면

선양고궁 구들

선양고궁 구들 단면

선양고궁 'ㄷ형' 구들

| 그림 27 | 중국 선양 만주지역 고궁 구들

여 주고 있다. 이번 발굴과 복원을 위해 부엌 바닥과 아궁이, 구들과 고래 등을 모두 해체한 결과 아자방 구들의 천년 비밀을 어느 정도 밝혀낼 수 있었으며, 하동군은 발굴 결과를 토대로 문화재청에 아자방을 국가지정문화재로 승격을 준비 중에 있다. 또한 칠불사 경내에 아자방 온돌 체험관을 별도로 재현해서 우리 선조들의 온돌 기술과 문화를 일반인들에게 공개하고, 체험도 할 수 있게 할 계획이다. 온돌문화는 이미 유네스코 세계유산으로 등재된 우리의 천년 고찰 산사건축, 양동마을 하회마을 외암리민속마을 등 민가건축, 경복궁 창경궁 등 궁궐건축과 양주회암사지 칠불사아자방지 등 사찰건축에 이르기까지 온돌이 핵심 요소이다.

온돌은 한민족의 고유전통 생활 양식으로 역사와 문화적 가치를 가

'千年의 秘密' 아자방 온돌

지고 있을 뿐만 아니라 오랜 고대 기술의 고유성을 간직하고 있어서 세계문화유산으로서의 가치가 충분하다. 한글과 더불어 온돌문화는 인류의 보편적 가치를 나타내는데 손색이 없다. 이미 재작년 5월에 국가무형문화재로 등재되어 유네스코 등재신청요건을 갖추었다.

최근 아자방의 발굴과 복원으로 그 비밀이 일부 풀리고 있다

2014년부터 4년간 아자방지 해체·발굴 결과 고려시대의 기층에서 다수의 건축물 축조 흔적과 석렬 등의 시설이 출토되어 현재의 아자방이 조선시대가 아닌 고려시대에 이미 존재하였음을 증명하는 성과를 거두었다. 그리고 오랜 기간 온기를 간직하기 위해 장작을 한꺼번에 적재할 수 있는 아궁이의 존재를 추측할 수 있는 단서가 되는 '확돌'이 발굴되었고, 이 발굴결과를 토대로 아궁이의 상부구조가 아궁이 하부구조에 따라 길이는 2m 정도이고 장정이 장작을 7짐이나 지고 들어가는 정도의 규모로 복원하는 계획을 세울 수 있었다.

그래서 먼저 아자방 체험관을 기존 아자방의 원형과 같은 1:1의 비율로 발굴내용을 기초로 건립하여 충분히 온돌의 효과를 검증한 후에 그 성능이 확인되면 새롭게 복원되는 아자방의 아궁이 등 훼손되고 멸실된 부분을 복원 할 때 적용하는 근거로 삼기로 계획했다.

대개 온돌방 구조가 일자형(一字型)인데 비해 아자방은 격자형(格字型)을 하고 있다. 지금도 중국의 만주지방에 가면 고구려의 후예라고도 볼 수 있는 만주족들은 'ㄷ'자 형태의 구들인 것을 흔히 볼 수 있다. 현재 중국 요녕성 선양고궁이 우리 아자방과 유사한 형태인 구들로 되어 있다. 이곳은 옛 고구려 수도가 있던 지역으로 우리 아자방과 동일한 형태로 바닥에 온돌이 설치되어 있다. 중국 동북지역 농촌지역에 아궁이가 지하실형태로 되고 그 속을 왕겨로 가득 채워 한 달 정도 불이 꺼지지 않고 천천히 타들어가게 하는 아궁이가 있다.

이 체험관 용도의 아자방 아궁이는 가마형태이지만 가마형 함실 양쪽 측면에 홍예 형태로 방 좌우 양가로 들어가는 고래로 연결되는 부넘기를 만들고, 함실 속에서 발생한 열을 상하층 고래별로 골고루 분배하는 기능을 위해 와적을 이용한 매화구들형태를 적용하였다. 또한 보조아궁이가 있어 큰방을 데우면서 오래 불을 머물게 하는 기술을 찾아 체험관에서 재현 할 수 있었으며 가마형으로 추정되는 아궁이 전면부가 발굴되어 문헌으로만 알려진 아궁이의 크기가 규명되었다.

한옥의 심장은 온돌 - 한옥의 키워드는 건강건축

바야흐로 따끈한 구들방 아랫목이 그리운 계절이 왔다. 온돌은 건축의 일부시설이지만 우리 민속문화의 핵심이다. 전통온돌을 한민족의 핵심으로 이해한 최초의 학자는 우리나라 민속학의 창시자인 손진태교수이고, 전통 온돌을 현대과학으로 연구한 최초의 학자는 세브란스병원의 의사를 지낸 현규환 박사이다. 이들의 연구에 따르면 모두가 온돌은 한민족 주거문화의 근본이고 건강건축 중심요소로 보고 있다.

서양의 건축가들이 주장하는 친환경건축은 우리 한옥의 기본일 뿐이다. 아자방은 우리 민족이 불을 다루는 솜씨가 얼마나 뛰어났는지를 보여 주는 걸작 중에 걸작이며 우리나라 전통 온돌기술의 특징을 잘 보여 주고 있다. 온돌문화는 이미 유네스코 세계유산으로 등재된 우리의 천년 고찰 산사건축, 양동마을, 하회마을, 외암리 민속마을 등 민가건축, 경복궁, 창경궁 등 궁궐건축과 양주회암사지 칠불사아자방지 등 사찰건축에 이르기까지 모두 온돌이 그 건축물들의 핵심 요소이다. 우리 겨레는 불을 깔고 앉고 불 위에 눕는 불을 잘 다루는 불같이 뜨거운 민족이다. 아직은 아자방의 흔적이 고려시기에 머물고 있지만 향후 아자방지 부근의 유적들이 추가로 발굴되어 신라 담공선사가 지었다는 아자방의 원천 기술들이 찾아지기를 기대한다.

제3장 칠불사 아자방지 고래온돌의
실측조사와 해체로 본 구조와 형태

1. 들어가며

경남 하동군 칠불사에는 "아자방"이란 구들이 있다. "아자방"은 우리 전통 고래온돌 중에서도 가장 과학적인 온돌이다. 신라 효공왕 때 구들도사로 불리던 담공선사가 '아(亞)'자 모양으로 구들을 만들어 그렇게 불린 것인데 한 번 불을 때면 100일 동안이나 따뜻했다고 전해지고 있다. 그것은 불이 오래 타는 땔감이 있었다는 얘기가 아니고, 숯가마처럼 불을 꺼트리지 않는 데 그 비밀이 있다. 이 아자방 고래 온돌이야말로 우리 선조가 남겨준, 21세기인 오늘날에도 가장 효율적인 그래서 가장 과학적인 난방법임을 입증하는 귀중한 문화유산이다. 우리 겨레는 불을 깔고 앉고 불 위에 눕는 민족이다.

아자방은 우리민족의 불을 다루는 솜씨가 얼마나 뛰어났는지를 보여주는 걸작 중에 걸작이다. 본 논문은 아자방 구들의 구조와 형

| 그림 1 | 아자방 내외부 모습

태에 관한 연구이다.

이 아자방은 표 1에서처럼 여러번의 소실과 증·개축이 있었다. 최근 이 아자방지가 정밀 실측 조사되고 그 구들을 해체 복원 중에 있다. 해체 과정 중에서 일부 현재 구들이 축조되기 전의 이부 아궁이 흔적이 발견되어 해체하는 온돌 이전의 온돌유구의 발굴조사를 진행하였다. 이 발굴조사결과를 토대로 아자방의 원형의 구조와 형태를 추적하는 것이 본 논문의 목적이다.

2. 실측조사를 통해본 아자방의 형태

아자방의 최근 모습은 그림 1과같이 내부는 참선을 하도록 되어 있고 외부는 박공형이다. 아자방과 아자방지의 건립과 수리 연혁은 표 1과 같이 신라 효공왕(897~912년) 때에 담공선사에 의하여 벽안당

	시기	내용
신라	효공왕 (897~912년)	담공선사(曇空禪師)가 아자방(亞字房, 일명 벽안당 碧眼堂)을 건립
조선	광해군 (1608~1622년)	부휴당(浮休堂) 선수대사(善修大師)가 아자방 중수 추정
	순조 30년 (1830년)	칠불사 다른 전각과 함께 아자방도 화재로 소실
	순조 32년 (1832년)	대은스님과 금담스님 두 율사의 주재로 전국 사찰의 협조로 아자방 복구
근대	1949년	1월 여수 순천10.19사건 당시 작전상 이유로 국군에의하여 모든전각이 전소되고 아자방의 온돌만 남음
	1966년	2월 1일 문교부 문화재관리국 영선계 기사 외 3인이 아자방 실태조사차 현지를 답사
	1976년	12월 20일 아자방지(亞字房址)가 경상남도 유형문화재 제144호로 지정
	1981년	아자방지 복원을 위한 사전 발굴조사
	1982년	아자방 건물 복원공사('81.11.21.~'82. 11.22.) 아자방 온돌보수('82.12.23.~'83.4.12.)
	1992년	아자방 화재안전공사(군비 70,000 천원)
	2000년	아자방 번와보수(106.47㎡) - 국비 15,000 천원, 도비 5,250 천원, 군비 9,750 천원
	2006년	아자방 소화설비 보수, 노후관 보수, 저수탱크 보수
	2009년	아자방 머릿돌(이마돌) 보수공사 칠불사자체공사인데 아랫목돌을 수리하였다
	2012년	아자방 번와 보수공사
	2013년	아자방 건물 기록화용역
	2015년	아자방 해체 보수중

| 표 1 | 아자방 건립 수리 해체연혁

을 건립된 이후 옛 문헌상의 최초 중수는 조선 임진란 당시 칠불사의 모든 전각이 왜적에 의하여 피해를 보아 광해군(1608~1622년) 때에 부휴당 선수대사에 의하여 아자방이 중수되었다고 전해지고 있다. 또한 순조 30년(1830년)에 칠불사에 큰 화재가 나 다른 전각과 함께 아자방도 전소되었다가 그 이듬해인 순조 32년(1832년)에 대은스

님과 금담스님에 의하여 아자방이 복구되었다. 이 당시 복원된 아자
방이 창건당시의 모습이었는지 아니면 변화된 모습인지는 알 수 없
다.[1] 또한 순조 32년(1832년)에 복구된 아자방도 1949년 1월에 여수
순천10.19사건으로 국군에 의하여 작전상 이유로 칠불사의 모든 전
각이 전소되고 단지 아자방의 구들만이 원상태로 남게 되었다가 현
재와 같은 모습으로 복원된 것은 1982년이다.[2] 복원된 아자방의 상
부건물은 장식적 효과를 최대한 억제하고 기능에 충실하게 하여 가
구의 짜임을 하였다. 평면구성은 정면 5칸 측면 2칸으로 참선수행을
위한 선방을 상대적으로 크게 하고, 또한 실질적인 정면은 건물의
뒤편에 두어 스님들의 참선 수행하는데 있어 일반인들로부터 방해

---

1 일설에는 초기의 아자방 구들의 원형이 변화되지 않았고 100년에 한 번씩 구들 안쪽
　으로 물청소를 하였다고 한다. 이때 중건된 아자방이 1949년 1월 전소되기 전까지 수
　리 없이 일제 강점기를 거쳐 왔기 때문에 이 당시 구들의 특징을 알 수 있는 것은 동아
　일보 1939년 9월 8일자 "천년아자방의 신비편"의 기사에서 약간의 모습을 살펴볼 수 있
　다. 아자방은 한번 불을 때이면 3일간은 온기가 골고루 지속된다고 언급되어 있고, 한번
　불을 때면 100일 혹은 49일 정도 온기가 있었던 것은 과장된 것인지, 아니면 순조 32년
　(1832년)에 복원되면서 구들의 형상이 바뀌어 온돌의 성능이 저하되었는지 알 수 없다.

2 당시 구들복원은 김용달에 의하여 수행되었는데 그는 구들의 명장으로 아자방 복원시 발
　굴 당시 보습으로 구들이 시공되었는데 기대수준 만큼 온도가 올라가지 않아 재시공되었
　다고 한다. 이때 사용된 방법이 좌선처인 아자의 굴곡된 방바닥마다 놋쇠판을 대고 건물
　좌측에 따로 떨어져 있는 굴뚝에는 열을 조절하는 놋쇠판을 설치하여 구들의 열효율을
　높였다고 한다. 1981년 발굴당시 구들의 특징은 1,000㎜ 이상의 바닥두께와 100㎜ 정도
　두께의 방바닥 장판이 있었다고 한다. 아자방 구들돌 두께는 200㎜ 이상 되는 것이 많이
　발굴되었고 고임돌의 배치는 9개 고래와 8개 어임고임돌, 그리고 두 개의 새끼 고임돌로
　구성되어 줄고래에 가까운 부채살 모양으로 되어 있었던 것으로 조사되었다. 이 당시 조
　사도 정식 발굴조사가 아니고 복원을 위한 임시 발굴조사로 제대로 규명되지 못하는 것
　으로 보인다. 따라서 신라시대 담공선사가 창건한 당시와 조선시대 중건 당시의 구들과
　는 형상은 어느 정도 유사하게 되었다고 하더라도 온도를 높이는 축열방식에서 일부 변
　형이 일어나 구들의 원형은 어느 정도 훼손되었다고 볼 수 있다.

실측조사에 따른 아자방의 내외부 형태와 구조	
평면형태	아자방은 우측 3칸은 방으로 구성. 가운데를 중심으로 좌우측을 "ㄷ형" "ㄱ형"으로 하여 350mm 정도 바닥을 높게 잡아 수도승이 면벽을 통한 참선 수행이 될 수 있도록 '좌선처'와 참선하다가 잠시 내려와 쉬는 '경행처'로 명명됨
기단과 주초석	경사지형을 이용, 부엌과 선방의 기단 단차를 두고 약간의 절토를 통해 기단 좌우 단차가 있는 외벌대 기단으로 구성. 정면의 계단 상부 기단은 두벌대 기단으로 구성
기둥	건물이 놓여 진 기단의 단차에 의해 주장이 다른 것이 사용 됨. 부엌이 있는 하단의 기둥은 주장이 긴 장주사용, 방과 툇마루가 있는 상단의 기둥은 짧은 단주 사용
수장창호	각 칸에는 상방, 중방, 하방이 설치됨. 상방 중 이중살창이 있는 곳은 하상방, 중상방, 상상방으로 단일살창이 있는 곳은 하상방, 상상방으로 구분됨
공포	첨차가 있는 이익공. 기둥머리를 사괘짜임으로 하여 창방과 직교되게 초익공을 끼우고 그 위에 주두를 놓음. 이익공과 첨차를 직교되게 한 후 보머리를 얹음
가구구성	아자방의 지붕틀은 대량, 종량, 도리, 장여, 동자주, 동자대공 등과 같은 가구재로 구성. 전체적인 외목도리를 제외하면 가구형식은 5량가 임.
천장처마	부엌의 천장은 연등천장, 선방의 천장은 우물반자로 구성. 지붕처마는 4면 모두 부연과 연목이 사용된 겹처마, 처마 끝은 부연만큼 더 내밀고 있음
지붕	맞배지붕면과 벽면의 높이 비는 1.0:0.9로 지붕의 육중함이 강조됨. 용마루는 층단 용마루, 부고, 층단, 부고, 착고 위 적새 7단으로 구성, 좌우 끝면에 망와로 마무리
선방의 배치	선방을 크게 하고, 실질적인 정면은 건물의 뒤편에 두어 스님들의 참선 수행하는데 일반인들로부터 방해를 받지 않도록 함
단차	부엌과 선방의 단차를 1,600mm 정도 두고 선방부분에 전통구들을 설치한 수법을 통해 우리나라 전통 온돌문화의 특징을 잘 보여주고 있음

| 표 2 | 아자방의 외부 형태와 구조

를 받지 않도록 배려한 것을 볼 수 있다. 특히 부엌과 선방의 단차를 1,600mm 정도 두고 선방부분에 전통구들을 설치한 수법을 통해 우리

나라 전통 온돌문화의 특징을 잘 보여주고 있어 문화재로서 가치를 충분히 가지고 있다고 볼 수 있다.

실측조사보고는 경상대학교 고영훈교수팀이 2013년 4월 15일부터 2013년 6월 31일까지 기본실측조사와 보완실측조사를 하였고 2013년 7월 1일부터 2013년 8월 24일까지 실측도면 작성과 보고서를 발간하였다. 실측조사 보고서에 따른 하동 칠불사 아자방의 건축적 특징을 각 부분별 살펴보면 표 2와 같다.

결론적으로 아자방은 장식적 효과를 최대한 억제하고 참선 기능의 구들에 충실하게 하여 가구의 짜임을 하였다.

3. 해체와 발굴을 통해본 아자방 구들의 형태

현재의 아자방은 1982년에 복원된 것으로 그 당시 구들에 대한 충분한 규명 없이 복원되었기 때문에 해체조사를 통해 아자방 구들의 원형을 규명하고자 시행하였다.[3] (그림 2)는 당시의 복원전과 해체 사진

---

3 아자방의 건축물 해체공사는 2015년 6월 (주)열린건설의 도급으로 수행되었으며, 4차례의 기술지도 자문회의를 통해 부엌 내부 및 아궁이 철거와 아자방 내부 및 구들 해체를 선행하고 시굴조사 후 1차, 2차 합계 233.82㎡를 발굴조사를 선행하였다. 아자방 고래 해체 후 2017년 3월부터 사걸비계 및 펜스 설치하여 관람객 및 작업자의 안전 예방하고 지붕해체 및 벽체, 창호, 툇마루, 굴뚝 등을 실시하였다. 2017년 3월 28일부터 4월 3일간 가설비계 자재운반 및 가설비계 설치 및 펜스 설치 후 4월 4일부터 4월 15일간 기와해체를 시행하였다. 2017년 4월 22일부터 4월 29일간 아자방 벽체 및 화방벽 해체를 위해 건물의 변형을 방지하기 위해서 가새를 설치하고 창호, 벽체, 굴뚝, 툇마루를 해체하였다. 벽체 및 창호 해체 전에 충분히 가새를 설치하여 구조의 변형이 발생하지 않도록 보강조치 후 창호 및 벽체를 해체하여 각 번호를 부여하여 부재 보관 장소에 창호를 보관하였다. 배면 툇

| 그림 2 | 1981년 복원전 현황과 당시 고래 발굴 현황

이다. (이하 1982년 사진은 당시 해체 수리를 맡았던 변철수의 사진제공이다)

이번 발굴조사를 통해 고려시대의 유구와 조선시대 조성된 구들이 조사되어 아자방 구들의 원형을 규명된 것은 다음과 같다.

마루를 해체하고 기단 강회다짐 등 구조물을 철거하여 발굴조사에 트랜치를 넣어 조사가 용이하도록 구조적 보강을 위해서 드잡이 공사를 시행하였다. 드잡이 공사와 기단, 기단 기초 및 굴뚝기초 철거와 판벽 등 전반적인 해체공사를 2017년 5월 22일부터 7월 13일간 시행되었다.

| 그림 3 | 말끔히 단장된 아자방 내부 모습 2005년

| 그림 4 | 조선시대 아궁이 발굴 사진

① 최후 증축된 것으로 보이는 아궁이 철거한 후 부엌 내부 바닥 강회다짐을 철거하여 바닥하부 석렬을 발견하였으며, 아궁이 부분 좌우측면 강회다짐 부분과, 인방하부 벽체를 같이 해체하여 아궁이 내부 형태를 노출시키고 시굴조사를 실시하여 2m 이상 길이의 아궁이의 형태와 보조아궁이 등 조선시대 및 고려시대 유물을 발굴하였는데, 이는 아자방 구들이 이미 고려시대에도 존재하였음을 알 수 있다. (그림 4 참조)

'千年의 秘密' 아자방 온돌

| 그림 5 | 2009년 아자방 아랫목돌 수리 사진

　② 불아궁이 안에서 장작 등의 땔감이 연소되는 곳으로 불목에 "人"자 형태의 불목돌이 화기와 연기를 고래로 넘어가도록 하기위하여 불고래를 만들었던 것을 확인되어 큰 함실을 구조적으로 높은 열에 오랜기간 견딜 수 있도록 터널형 구조를 가지고 있음을 알 수 있었다.[4]

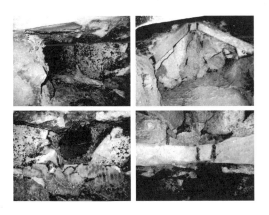

| 그림 6 | 아자방 구들 함실부분 내부

4　그림 6에서 2009년 당시 지은이가 아랫목돌 수리시에 함실내부에서 찍은 사진을 보면 "人"자 형태의 불목돌을 잘 볼 수 있다.

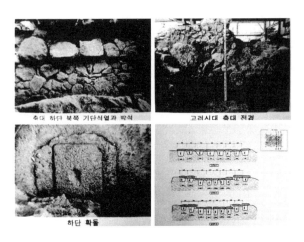

| 그림 7 | 고려시대 확돌과 석열

③ 아자방 내부 및 구들 해체를 통해 3칸으로 구성된 아자방 "亞"
자 형태의 좌우 간격은 2,551mm 정도이며 중앙 간격은 2,762mm이고,
아궁이 방향의 단은 고래 둑이 부분적으로 훼손되어 있으나, 단을
구성한 고래 둑이 기울어져 있고, 구들장 두께는 257~122mm 정도이
며, 크기는 600mm 전후의 크고 작은 넓은 돌을 깔고 구들장 사이에
사춤돌을 끼워 메워 넣고 진흙으로 메워 바르는 거미줄치기하여 방
바닥을 형성하였음을 알 수 있었다.

④ 구들 해체 후 고래를 실측 조한 결과, 줄고래의 형태를 취하고
있다. 고래 둑은 8조가 설치되어 있다. 개자리는 굴뚝방향 벽면 330mm
정도에서 형성되어있으며, 개자리 폭은 300~400mm, 깊이는 300mm 정
도로 형성하였으며, 고래 바닥 경사는 3.4%의 경사를 이루며, 상부 구
들 장상면의 경사는 고래바닥 경사와 비슷한 3.5% 정도이며, 그 위에
부토로 수평마감하였다. 이는 아자방 구들의 구성이 이중구들과는 어
느 정도 거리가 있는 것으로 보이며, 구들돌이 큰 것과 골이 약간 깊은

'千年의 秘密' 아자방 온돌

것 말고는 이중구들의 특징이 없음을 알 수 있다.

그림 5는 지은이가 2009년 참여하여 아궁이와 가마를 일부 철거하고 아랫목 돌을 해체수리한 사진으로 아랫목의 훼손 상태가 심하여 사용이 불가능하게 된 것을 수리하였다. 발굴조사를 통해본 아자방의 축조연대 - 칠불사 아자방의 복원·정비 계획을 수립하는데 필요한 기초차료를 제공하고자 이번 정밀발굴조사를 실시하였는데, 그 결과 고려시대에 조성된 것으로 추정되는 건물지와 조선시대(1832년 : 순조 32년)에 중건된 것으로 추정되는 아자방과 관련된 건물지 일부가 남아있는 것을 확인하였다.[5]

---

5 고려시대 건물지는 상단과 하단으로 약 1.6m 정도 단을 이루면서 조성되어있다. 상단에는 적심 2기와 수혈 1기, 적석시설이 확인되었고, 하단에는 축대 남쪽으로 연접하여 박석과 2열의 기단석열, 방형의 확돌 및 생활면이 확인되었다. 고려시대 건물지 상부 퇴적층, 조선시대 주아궁이에서 고려시대 복합문 평기와와 귀목문 암막새, 수막새, 와전, 조선시대 중호문, 집선문, 무문 등의 평기와편이 출토되었고, 자기류로는 청자편, 분청사기편, 백자편이 출토되었다. 조선시대에 중건된 것으로 추정되는 아자방은 1980년대 진행된 아자방 구들 복원과정에서 구들과 고래 둑, 연도, 굴뚝은 대부분 제거된 상태로 확인되었다. 아자방 북쪽 외곽에서 굴뚝 개자리 흔적, 서쪽 외곽에는 기단석열이 남아있다. 아자방 남서쪽 벽체하부에서 기와로 겹겹이 쌓아 만든 고래 둑 흔적이 확인되었고, 북서쪽과 북동쪽 벽체 하부에서는 연도로 추정되는 시설이 확인되었다. 복원된 함실 동편에서 구들 개자리로 추정되는 시설이 일부 확인되었다.

| 그림 8 | 아자방 방구들 해체 후 모습

그림 7, 8에서 보듯이 이번 발굴에서 1982년 복원시에 덮혀있던 주아궁이와 보조아궁이, 초석과 계단과 고려시기층에서 아궁이의 문에 사용된 것으로 추정되는 확돌 등이 확인되었는데, 주아궁이는 고려시대 건물지의 축대를 이용하여 조성되어 잇으며, 보조아궁이는 1980년대 복원·정비 시대부분 제거되고, 부넘기만 남아있었다. 주아궁이는 두 차례에 걸쳐 바닥과 벽면을 점토 등을 덧발라 개·보수하여 사용한 것으로 파악되었다.

4. 아자방의 학문적 의미와 문화재로서의 위상

아자방의 문화사적 의미

아자방은 우리나라 구들역사에서 잃어버린 큰 고리 중 하나를 찾은 것일 뿐 아니라 문화의 일관성이라는 특성으로 보아도 이 위대한 과학적 건축물을 통한 우리 문화의 높은 수준과 역사적 깊이를 찾을 수 있는 것이다. 구들은 지하구조물에 가깝기 때문에 기반자체가 파괴되지 않았다면 언제든 유적발굴을 통하여 시대적, 지역적 특성을 파악하고 연구할 수 있으므로 우리의 북방영토에 대한 역사적 실체를 민족 문화의 정통성으로 찾을 수 있는 소중한 자료이다. 구들 유적이 있는 곳은 바로 우리 조상들이 정착하여 살았던 곳이며 그 구조와 형태를 분석하여 어느 시기의 구들인가를 알 수 있으므로 어떠한 경우에도 분명하게 근거를 제시 할 수 있는 것이다. 아자방을 근거로 하여 볼 때, 고구려 이전부터의 구들 유적을 발굴한다면 역사 왜곡으로 인한 문제에서 훨씬 자유로울 것이며 우리의 미래사를 위한 자료를 확보하게 된다. 다행히 구들의 유적은 지하구조물이며, 지금도 고구려 유적 밑에 상당량의 구들 유적이 남아있으리라 보아 이 방면에 대한 신중하고 깊은 연구가 가능하다고 본다.

아자방 구들의 과학적 의미

한번 불 때고 사 나흘쯤 그냥 따뜻한 구들을 만들 수 있으면 하고 생각하는 사람은 많다.

돈푼깨나 있다는 사람들마저, 못 만드는 것이 아닌데도 선뜻 덤비지 못 하는 게 비용 문제 때문인 듯하여, 아자방을 생각 할 때마다 선조들의 기술과 스케일에 그저 탄복할 뿐이다.

한번에 100일이라고 하였다. 그야말로 다른 설명이 필요없이 단한방으로 끝냈다는 말이다. 아자방 구들구조에서 한번 달궈진 구들이 100일간 온기를 보존하였다는 내용이 보온의 가장 중요한 사항으로 되어있다. 이와 함께 주춧돌의 위치가 구들의 보온재 윗부분 높이보다 깊지 않아 방바닥은 땅위에 높이 있어도 구들은 항상 지하에 있게 되어 건물 외부로부터의 온도영향을 최소화하고, 아궁이와 회굴 바닥보다 낮은 위치에 배수로를 설치하여 건물지하로 스며들 수 있는 습기를 최대한 방지함으로써 수분에 의한 열 손실을 배제한

| 그림 9 | 1982년 복원 후 아자방 굴뚝(구새)

| 그림 10 | 1982년 복원 후 아자방 굴뚝(구새)

에너지 공학이다. 전 세계적으로 현존하는 어떠한 사료(史料)에서도 이와 같이 장기간 보온력을 유지한 난방시설이 있었다는 여기에 복사열과 전도, 대류에 의한 열역학적 기술적용이 종합적으로 구들의 성능을 정상에 올려놓았으니 불을 때지 않는 계절에도 방안의 온도가 조절되도록 하였다면 발상의 비약이라고 하는 이도 있을 수 있겠다. 하지만 이건 그냥 구들이 아니라 아자방 구들이다.

겨울이 끝나는 봄철에도 산 속은 여간 싸늘하지 않다. 100일이라고 한 것은 스님들이 수행하며 겨울을 나는 동안거(冬安居) 90일 기간을 기준으로 하지 않았나 싶다. 100일이 지났다고 하루 만에 구들이 식어버리지는 않는 법, 점차로 열 기운을 잃어가던 구들은 춘 삼월 그리고 사월이 되어도 차가운 바닥으로 갑자기 식지는 않아 견딜 만하였을 것이고, 겨우내 얼었던 땅속의 냉기가 풀려 오르는 여름으로 들어서면 반대로 더운 외기의 온도가 구들을 덥히는 방향으로 전환된다.

'千年의 秘密' 아자방 온돌

| 그림 11 | 아자방 뒤꼍 출입구 남향부분 전후면 네칸이다

아궁이에서 경사져 올라간 불목으로 더운 바깥의 기운이 따라 올라가면서 고래 속에 있던 차가운 공기는 점차 무거워지며 고래개자리(회굴)로 밀려내려 간다.

바깥의 굴뚝이 한낮의 뜨거운 태양열을 받아 온도가 올라가면 굴뚝 속의 공기도 더워지면서 가벼워져 바깥으로 나가게 되어 대류현상으로 인한 고래 속의 온도가 상승하고 해가 지면서는 반대로 굴뚝을 통한 더운 공기의 배출이 중단되며 저절로 자연축열(自然蓄熱)이 이루어진다. 두꺼운 구들 층이 여름내 외기에 의한 보온력을 지니고 있다가 겨울이 되어 불을 피울 때까지 방안의 냉기를 막아주었던 것이다.

일반 주택이라도 제대로 된 구들이라면, 한여름에도 시멘트 바닥과 달리 바닥이 차가워서 잠을 못 잔다거나 하는 일이 없는데, 짐작이라도 아자방 구들과 대놓고 비교 한다는 것은 어불성설(語不成說)이다. 이러한 것이 하루 아침에 이루어졌다고 볼 수 없으며, 이로써 불과 연기 등을 다루는 우리의 구들문화가 얼마나 오래 되었는지 가늠할 수 있어서 과학 강국으로서 면모를 갖추는 데에도 손색이 없다.

아자방의 문화재로서의 위상

정보의 바다라는 인터넷을 통해 2005년도 문화재청 통합검색으로 들어가 보자. 아쉽게도 아직은 "아자방"은 물론, "아자방"이나 "칠불사 아자방"은 아무리 찾아도 없다. 국가기관인 문화재청에 어떠한 형태로건 문서화된 근거가 없다고 하는데 소중한 유산이 버려진 느낌을 지울 수가 없다. 지정문화재로 등록되어 있는 "칠불사 아자방지"를 찾아야 비로서 나온다. "신라 시대의 아자방터이다…공양간(부엌)으로 쓰이는 정재문이 열려 있다.…신라 효공 왕때 담공선사가 이중온돌을…." 단 네줄 뿐이다. 지마왕(또는 지미왕)은 어디 가고, 이중온돌이라니! 그러면 문화재청의 지식정보센터로 가보자. 역시 "칠불사 아자방지"로 나오는 것이 다른 곳과 비교하면 마찬가지이다! "아자방 구들"은 없는 것이다. 아자방 자리(아자방지)가 구들 보다 더 의미 있나 보다. 유적 발굴에 의한 구들은 경기도 양주 회암사터에서 발굴된 고려 말, 조선왕조 초기의 "ㅌ"자 형태 구들 유적이 나타나기까지 더 이상 발전된 구들양식을 발견하지 못했고, 지금과 같은 구들 구조들은 조선왕조 시대부터 전국에 걸쳐 분포되었다고 주장하는 학설이 지배적이었다. 중국 당나라 건국이 618년이고 아자방이 만들어진 시기가 훨씬 더 이전인데도 "수경주"에 쓰여 있는 구들을 구들역사에 대한 기준으로 삼아왔던 것이 상당부분 학계의 의견이었다. 그러나, 아자방 구들의 과학적 기술 축적이 하루아침에 이루어졌다고 볼 수 없으며, 아자 구들의 실존 근거에 따라 우리 난방문화의 현 주소와 역사를 재조명 할 수 있다는 점에서도 아자방이 갖는 의미는 자못 큰 것이다.

5. 아자방 아궁이는 한민족의 불의 이용과
종의 주조능력의 원천기술

이야기 나온 김에 우리 민족의 천부적 재능이 어느 정도였는지 샛길로 잠시 들여다 보자. 18톤이 넘는 무게의 쇳물을 한 번에 녹여 부어 만든 에밀레 종은 신라시대의 과학수준을 한마디로 말해준다. 서기 771년에 완성되어 신라 〈성덕대왕신종〉으로 불리는 에밀레종은 높이가 어른 키의 두 배인데, 크기는 차치하고라도 펄펄 끓는 쇳물 20톤을 그 옛날에 어떻게 한 번에 녹이고 붓고 하며 굳혔단 말인가! 거푸집 속에 부어넣는 쇳물은 연속적으로 제한된 시간에 부어넣어 식혀야 한다. 자그마치 20톤이다.

그 시대에 대형 용광로가 있었다는 기록이 없으니 인력에 의존한다고 보고 추리한다면, 사람의 힘으로 쇳물을 녹이고 운반하여 부어넣으려면 네 사람 이상이 들고 거푸집에 부어넣을 수 있는 무게가 100kg을 넘지 못한다고 보아야 한다.

그래야 시뻘건 쇳물을 다룰 수 있을 테니까. 시쳇말로 쇳물 한통을 100kg이라고 보고 20톤이면 200개의 쇳물통이 한꺼번에 줄지어 부어져야한다는 계산이 나온다. 물론 그것도 제한된 시간 안에 같은 내용의 쇳물을 부어야 한다. 물론 몇 번의 실패와 어려움을 겪었다고 한다. 아무리 그래도 천하의 에밀레종이다.

1200년이 지난 후 에밀레종은 복제되는 운명을 만나는데 '우정의 종'이라는 이름으로 미국에 선물된 하나와 보신각종을 대신하여 또 하나의 복제 종이 생긴 것이다.

대개의 경우가 그렇듯 "원조(元祖)"를 따르기 어려운 법이었는지 그

| 그림 12 | 경기도 회암사터 구들 유적

| 그림 13 | 회암사지 고래 발굴사진
(고래 구들로 우측에 보조아궁이가 있고
고래 개자리 좌측 끝으로 굴뚝과 구새자리가 보인다)

소리만큼은 따라가지 못했다. 하드웨어는 따라갔는데 소프트웨어는
기능이 떨어진 셈이라하겠다. 짚고 가야 할 핵심이 하나 더 있다.

　그것은 종의 고리인데, 18톤이 넘는 종을 매달고 있는 종 고리 걸
쇠의 굵기가 상상을 초월한다. 직경 9㎝! 엄청나게 가늘다. 21세기
최고의 합금, 주조, 압연 및 단조기술 등이 총동원되어도 만들기 어
려운 철봉이 1200년 전에 이미 우리 선조의 손 안에서 나왔다는 말
이다.

　　　　　　　　　　　　　'千年의 秘密' 아자방 온돌

또 다른 1200년전, 백제가 패망하였을 시기, 서남해안 가까이 있는 변산반도 내변산에 진표율사가 수행처로 삼아 절벽 가운데 만들었다는 이름 하여 "불사의방(不思義房)"에서 그 때에 쇠줄로 터를 고정시키려고 박아 둔 쇠말뚝이 아직도 남아있다. 1200년 전에 절벽을 뚫고 쇠말뚝을 박아 넣을 수 있는 기술은 무엇이며 그 쇠말뚝은 어떻게 만들었기에 모진 풍상을 이기고 지금도 이처럼 쓸 만하게 남아있는가!

그리고 1200이라는 세월이라는 숫자에 관심이 가는 이유가 있다. 그것은 일 년은 열두 달, 곧 '12'라는 숫자는 시간이 한 바퀴 돌아 다시 제자리에 오는 숫자다. 한해를 채우고 새로운 해가 시작되게 하는 것이 열두 달이라는 자연의 섭리이고, 집도 큰집은 '열두 대문'이라고 하였으며 자축인묘진사오미…띠도 12간지이니, 중요하고 좋은 것은 12라는 숫자가 태반이다.

이왕이면 다홍치마라고 우리민족이 과학강국으로 잘 살게 되기를 바라는 마음에서 접목하였고 불사의방 철과 불은 불가분(不可分)의 관계이기에 종과 쇠말뚝을 구들과 연관시켜 보았다. 전설이 현실로 나타났을 때는 공상이 과학으로 재현된 것이다.

전설 중에 과학으로 재조명된 경이적인 상황들은 밍밍한 세상살이에 양념처럼 맛을 더해준다. 과연 한번도 고치지 않고 2000년 가까이 기능을 할 수 있었다면, 즉, 고래가 막히지 않고 불을 들일 수 있어야 한다면, 말 그대로 일 년에 한 번씩 불을 때었다고 계산 했을 경우 2000년 × 1 = 2,000번 불을 때었다는 가설이 성립하며 이 수치를 일반 고래와 비교해 볼 때 다음과 같은 결론을 얻을 수 있다.

일반적인 사대부집 고래의 수명을 10년으로 보고 하루 한 번씩 불을 땐다고 가정하면 10월부터 이듬해 5월까지 7개월간 그리고 중간에 가끔 때는 것까지 합하여 한 해에 모두 8개월간 고래에 연기가 들어간다고 볼 수 있어서 8 × 30일 = 240회, 240회 × 10년 = 2,400회라는 계산이 나온다. 간단히 말해서 정상적인 구들이라면 2,000번 이상 불을 땔 수 있다는 것으로 1년에 한 번씩 불을 넣었다면 2000년 가까이 수리하지 않고 기능하였다는 이야기에 무리가 없다.

아자방의 구들은 장정이 서서 땔나무를 지고 들어갈 만큼 높았고, 구들의 두께가 1m 내외로 두꺼웠다는 점 등을 고려한다면 그 수명에 대하여는 충분히 이해 될 수 있으며 2000년 가까운 긴 세월 동안 고래가 막히거나 하지 않고 기능을 유지할 수 있었다는 논리적인 설명이 가능한 것이다. 오랜 기간에 걸쳐 조금씩 기능이 떨어져 왔다는 점을 고려 할 때, 1950년대 전란으로 파괴되기 전에도 한번 불을 때면 한 달간 온기가 유지되었었다는 말이 결코 과장된 것이 아님을 알 수 있다.

그렇다면, 한번 불을 때는 것으로 어떻게 100일간 온기를 유지시킬 수 있을 것이며, 더구나 그렇게 오래 갈 수 있는 열기에 데이거나 타지 않고 기능 할 수 있게 한 건축구조는 과연 어떻게 된 것인지 연구하여야 한다. 무엇보다도, 엄청난 화력을 천 몇백년 견디고 있었을 이맛돌의 소재와 구조 등은 에밀레 종의 걸쇠막대보다 못하지 않은 과학적 비결이 있다고 본다. 잘 건조된 장작 1kg의 열량이 약 5,000kcal임을 기준으로 계산 한다면, 아궁이에 통나무를 지고 들어갔다는 이야기를 토대로 볼 때, 장정 한사람이 질 수 있는 장작의 무게는 약 70kg이 되며, 일곱 장정이 선체로 지고 들어간다 하였으니 70kg × 7인 = 490kg이고, 전체의 열량은 490kg × 5,000kcal

| 그림 14 | 아자방지 부뚜막 아궁이 모습

= 2,450,000kcal로써 이것이 한 번에 때는 불의 총 열량이 된다. 즉 100일간에 사용한 열량이 2,450,000kcal라는 계산이다.

서울지역의 경우 건축법령 단열기준에 맞는 건축물이라 가정하였을 때의 열손실지수가 약 90kcal/㎡hr이므로 평당으로 환산(90kcal/㎡hr × 3.24㎡ = 291.6kcal/평)하여 하루에 약 7,000kcal/평의 열손실지수를 갖는 상황과 견주어본다면, 현대 건축물에서 수시로 문을 열어 많은 열을 빼앗김으로써 발생하는 추가 연료소비량을 대폭 인정하더라도 16평 아자방의 열손실지수는 245만kcal ÷ 16평 ÷ 100일 = 약 1,531kcal/평이 되어 현대건축물의 7,000kcal와 비교하여 보았을 때 상대가 되지 않는다.

요즈음, 몇 평도 안 되는 숯가마에 들어가는 참나무의 양을 본다면 쉽게 비교되는 양이다. 경유의 열량이 9,200kcal/ℓ이고 도시가스의 열량이 10,500kcal/㎥이므로 자신의 집에서 사용하는 에너지비용을 단위면적당 계산하여 어떠한 열효율을 가지고 있는지 알아보는 것도 해볼 만한 일이다. 취사와 급탕을 위한 소비를 삼안한다 하여도 대개의 경우, 엄청난 에너지가 낭비되고 있음을 알게 된다. 이 모든 것을 견주어 보더라도 아자방 앞에서는 에너지나 열역학을 아무리 동원 한다 해도 이미 그 정도는 아무것도 아니라는 이야기가 된다.

물론, 지형적 특성상 아자방의 위치가 눈이 쌓이지 않고 잘 녹는 곳이라는 점과 건축 재료의 특성상 황토와 흙으로 빚은 기와 또는 자연석이나 벽돌이 시멘트나 철근보다 낮은 열전도율과 접촉에 의한 열 손실율을 최소화 할 수 있다는 점도 아자방의 보온력을 높여주었으며 기초공사에서 이미 방고래 밑으로의 수분침투를 차단한 배수설비는 또 다른 보온기능을 더해주었다고 본다.

여기에서 건물의 단열과 보온재사용 등이 연료소비량에 대단한 차이를 갖게 되므로 건물의 시공에서의 큰 몫을 차지하고 있어 그 중요성을 다시 한 번 짚고 가야한다. 일 년에 한번만 불을 때어 겨울을 넘길 수 있었다는 아자방 구들의 신비는 전설적인 면보다도 과학적으로 해석하고 연구해야할 대상으로 우리 앞에 있는 것이다. 담공선사가 어떤 이유로 亞字형 구들방을 만들었는지는 확실히 알 수 없다.

그리고 그 온기를 오랫동안 가두어놓기 위해서는 아(字)가 가장 적합한 형태였거나, 오랜 시간수행하기에는 일렬로 앉는 것보다 아자 형태에 따라 앉는 것이 도움이 된다거나 또는 스님들이 동안거(冬安居)에 들어갈 경우에 자주 장작을 피우는 일 자체가 수행을 방해할 수도 있고 변화가 많은 바닥온도가 수행에 방해가 되어 이를 피하기 위해 장기간 온기를 보존하는 수단을 찾았을 것이라고도 하며, 묵언(默言)을 상징화하기 위해 벙어리 아(啞)에서 亞를 따왔을 수 있다는 설명도 있다.

어쨌건, 선사께서 아자방을 만드실 때 그 수명을 오래가게 한 이상, 분명히 먼 훗날 후손들이 당신의 구들을 보고 평하게 될 것도 염

'千年의 秘密' 아자방 온돌

| 그림 15 | 아자방 내부 좌선처와 행경처 사이 격자부분
(후에 신주장식으로 치장하였다)

두에 두었으리라. 그런데 아직도 우리는 그 실체를 못 찾고 헤매고
있으니…하기야 인간들의 행태가 오죽 했으면 "이 어리석은 중생들
아!"라는 이야기를 했겠는가?

6. 아자방 온돌의 1982년 해체 복원 당시의 구조

지금까지 아자방 구들의 구조를 명확하게 설명해줄 수 있는 자료
가 연구 발표되지 않았다.

현재 사용하고 있는 구들은 원래의 구조를 복원한 것이 아니라 해
체한 후에 수리하여 쓰고 있는 구들이므로 엄밀히 말하여 아자방 구들
이 아니다. 이제는 국가적으로 지원하여 본래의 가치를 살려야 한다.
더구나 원래의 구들을 해체할 당시에는 이미 아궁이 부분이 모두 파괴
되어 흔적을 찾기가 어려웠고 지상부 건물이 전부 타버린 자리에 자갈
부스러기와 기와 조각들만 딩구는 폐허같은 지경이었으니 발굴과 복
원이 일관되게 진행되지 못하고 그나마 남아있던 자료들을 소홀히 하

여 서로 다른 종류의 구들 구조 이야기가 나오게 되었다.

겹구들 양식의 구조와 비대칭 구조의 줄고래 구들 모습이 지금의 아자방 구들구조와 함께 혼재하게 된 원인이라 보겠다.

① 김용달 옹이 수리하여 만든 지금의 구들은 하나의 부뚜막 아궁이로 되어있고 아궁이속의 함실크기는 사람이 들어가 앉아 손을 들어 이맛돌을 만질 수 있는 정도이다. 삼각 형태의 이맛돌부분은 새로 만든 석재가 맞지 않아서인지 불힘을 견디지 못하고 부스러져서 얼마 전에 다시 수리하였다. 고임돌의 배치는 전해오는 이야기와 같이 부채살 모양으로 퍼져 들어간 것으로 되어있는데 김옹이 남겨놓은 기록이 발견되지 않아 자세한 구조를 알려주지 못하고 있다. 다만 1981년 복원 당시 무너진 구들의 모습을 기록으로 남겨두고 이번 6.25사변 복원시기에 최대한 원형에 맞추어 시공할 예정이다.

② 실제 구들시공에 대한 경험이 없이 이론적인 면에 치중하여 연구 조사한 내용들로 보이는데 그 중에서 가장 근접한 내용으로 발굴인의 설명을 기본으로 한 발표내용이 있다. 단지 원래의 구조에 충실하기보다 추측할 수 있는 과학적 이론에 맞춰 정리한 오류가 있다고 하겠다. 분명, 아자방 아궁이의 좌우 고임돌배치는 대칭 구조가 아니다. 다른 곳에서 발굴된 구들 유적 중에 경기도 회암사터에서의 서방장지 구들 아궁이 모습이 너무나 흡사하기 때문에 그 구조적 특징에 대한 세밀한 연구가 필요하다. 성급한 결론이나 무리한 추측은 학문의 발전에 걸림돌이 되므로 반드시 경계해야 한다.

③ 김명환 선생이 보유하고 있는 자료 중에서도 다른 구조의 아자방 구들을 찾을 수 있는데 예를 들어 만자(卍字) 형태의 고래와 그 위의 복층 공간으로 이루어진 아자 구들을 볼 수 있다. 수십평의 넓이

'千年의 秘密' 아자방 온돌

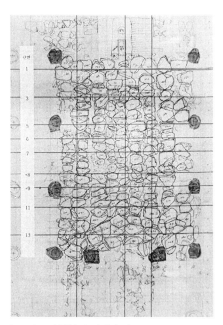

| 그림 16 | 칠불사 아자방 발굴도(구들장부분 스케치)

를 난방 할 수 있는 성능을 갖고 있는 반면에 엄청난 양의 연료를 사
용하게 되어 굴뚝으로 물을 흘려보내서 고래의 청소를 하게 되어 있
는 구조로 되어 있다. 마지막으로 故 김응갑 선생의 글에 열역학, 유
체공학, 기체공학 그리고 건축공학과 기초소재과학 등이 총망라되
어 있는 내용이다.

아궁이는 전해오는 이야기처럼 장정이 장작을 지고 들어갈 만큼
큰 세 개의 함실아궁이고 고래는 겹고래 구들로 2층이 될 수 있다.
즉 그림 19처럼 큰 세 개의 함실에서 생긴 열기는 부채살처럼 퍼진
축열층 줄고래를 따라 들어가 반대편 회굴(개자리) 앞에서 돌아 모두
가 방고래 가운데에 있는 상승 동로를 따라 방열층인 이층구들로 올
라간다. 방 가운데는 낮고 네 귀퉁이로는 높게 고임돌(고랫둑)이 배치

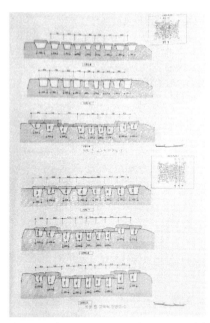

| 그림 17 | 칠불사 아자방 고래 부분 단면도(1)

되어 자연스런 대류현상으로 열 기운이 돈다. 식어진 공기는 상승통로의 바깥부분을 따라 아래에 있는 축열층으로 내려오고 다시 가열된 뜨거운 공기는 방열층으로 올라가 방을 덥히는 기능을 하게 되어 있다. 이 과정에서 가장 많이 식은 연기와 재는 순환도중에 회굴 쪽으로 오게 되고 상대적으로 차가워진 것들은 자연히 회굴 아래로 내려가 굴뚝으로 나가게 된다. 축열층의 고임돌들은 전도에 의한 열 전달이 가장 적게 재료와 구조, 배치를 달리 하며 1m 이상의 두께를 가지고 적절히 열기를 간직했다가 내뿜어 주게 된다. 실제로 이러한 구들 구조는 아직 발견되고 있지 않으나 발전된 구들 양식 이론으로 연구할 가치가 충분하다고 본다. 이 글과 그림은 칠불사 아자방 구들 해체 결과와는 거리가 있는 이론이지만 아자방 구들에는 여러 가

'千年의 秘密' 아자방 온돌

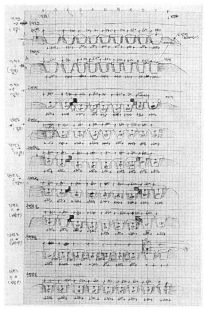

| 그림 18 | 칠불사 아자방 고래 부분 단면도 스케치

지 형태의 구조가 있을 수 있기에, 2008년 김준봉, 리신호, 오흥식 공저로 발간한 《온돌 그 찬란한 구들문화(개정판)》에 수록한글을 기초로 간단한 기본 도해와 함께 다시 정리해 본 것이다.[6]

---

6 이 글과 그림은 칠불사 아자방 구들 해체 결과와는 거리가 있는 이론이지만 아자방 구들에는 여러 가지 형태의 구조가 있을 수 있기에, 2008년 김준봉, 리신호, 오흥시 공저로 발간한 《온돌 그 찬란한 구들문화(개정판)》에 수록한 글을 기초로 간단한 기본 도해와 함께 다시 정리해 본 것이다.

7. 정리하며

구들은 높은 열을 장시간 사용하는 특성으로 인하여 오랜시간 원형을 보존하기 어렵다. 그래서 아자방은 창건이래 여러 차례 복원과 중수의 변화를 겪으면서 신라시대 담공선사가 건립한 최초의 모습은 알 수 없다. 다만, 여러 차례 중수과정을 통하여 온돌이 부분적으로 훼손되어 초창당시의 모습이 많이 사라졌다고 하더라도 창건 당시의 원형이 어느 정도 지속적으로 잔존하여 왔다는 점에서 온돌에 대한 고고학적 의미를 부여할 수 있다.

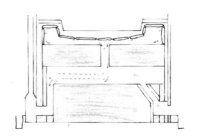

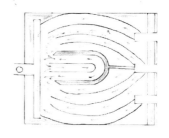

| 그림 19 | 고래형태가 아자형태인
중층으로 된 구들

그리고 이번 해체와 발굴조사를 통하여 고려시대의 확돌과 석렬이 발견되어 지금까지 알려진 조선시대의 온돌유적이 아니고 신라 담공선사가 만든 시대의 것을 발굴하지 못하였지만 최소한 고려시대에 존재했음을 밝혀졌다. 또한 보조아궁이가 있어 큰방을 데우면서 오래 불을 머므르게 하는 기술을 찾을 수 있었으며 가마형으로 추정되는 아궁이 전면부가 발굴되어 문헌으로만 알려진 아궁이의 크기가 일부 규명되었다. 이같이 칠불사의 아자방 구들은 우리나라를 대표하는 전통온돌로서, 불을 때 방바닥의 온도를 높여 난방을 하는 고유한 전통문화를 이해하고 계승 발전시켰다는 점에서 건축사적 의미가 매우 크다.

또한 칠불사는 지리산의 문수보살의 기도처인 동국제일선원으로 이름이 나있는데, 그 중심에 아자방이 있다. 따라서 아자방은 창건 이래 우리나라 불교를 대표하는 많은 선승의 수행처로서 불교사적으로도 의미가 매우 크다. 아직은 아자방의 흔적이 고려시기에 머물고 있지만 향후 아자방지 부근의 유적들이 추가로 발굴되어 신라 담공선사가 지었다는 아자방의 흔적들을 찾아지기를 기대한다.

8. 하동 칠불사 아자방지 발굴조사 개요

조사 대상

소재지 : 경상남도 하동군 화개면 범왕길 528

문화재명 : 칠불사 아자방지

지정별 : 경상남도 유형문화재 제114호(1976. 12. 20 지정)

규모 : 칠불사 아자방(목조·기와·맞배, 1동 / 233.82m2)

칠불사 아자방문화재 지정 개요

구분	내용
종목	경상남도 유형문화재 제144호
명칭	칠불사 아자방지(七佛寺 亞字房地)
수량	1동
지정일	1976. 12. 20.
시대	경상남도 하동군 화개면 범왕길 528
소유자	칠불사
관리자	칠불사
주요 연혁	신라 효공왕(897~912년) 재위 시 담공선사(曇空禪師)가 아자방(亞字房)을 최초 건립 순조 30년(1830년) 화재로 소실 순조 32년(1832년) 전후 대은스님과 금담스님의 노력으로 복구 1949년 여수 순천10.19사건 등으로 인하여 작전상 전소되어 아자방은 온돌만 잔존 그 후 그 위에 함석지붕으로 덮어 보존 1982년에 현재의 모습으로 복원
건축양식 (형식)	전통한옥 (정면 5칸 측면 2칸 이익공, 맞배지붕)
규모 및 용도	층수 : 지상 1층
	문화재지정구역 : 231.56m²(보호구역면적 : 153,961.1m²)
	면적 : 115.2m²(공부상 면적)
	용도 : 참선수행 선방
주요 특징	열효율이 높은 온돌을 만들기 위해 '부엌'과 '온돌방(선방)'의 기단 높이를 기준으로 1,600㎜ 정도 단차를 두어 평면을 구성 온돌방(선방)은 아자형 2중 바닥으로 구성

'千年의 秘密' 아자방 온돌

칠불사 아자방 주요 연혁

시기		내용	비고
신라	효공왕 (897~912년)	담공선사가 아자방을 건립	
조선	광해군 (1608~1622년)	부휴당 선수대사가 아자방 중수 추정	
	순조 30년 (1830년)	칠불사 다른 전각과 함께 아자방도 화재로 손실	
	순조 32년 (1832년)	대은스님과 금담스님 두 율사의 주재로 전국 사찰의 협조로 아자방 복구	
근대	1949년	1월 여수 순천10.19사건 당시 작전상 이유로 국군에 의하여 모든 전각이 전소되고 아자방의 온돌만 남음	
	1966년	2월 1일 문교부 분화재관리국 영선계 기사 외 3인이 아자방 실태 조차 현지를 답사	
	1976년	12월 20일 아자방지가 경상남도 유형문화재 제144호로 지정	
	1981년	아자방지 복원을 위한 사전 발굴 조사	
	1982년	아자방 복원공사 - 기초공사 : 기단보수 10.8㎡, 기단바닥보수 및 강회다짐 108㎡, 주초석보수 9개 - 지붕공사 : 번와공사 241.4㎡ 암기와 7,834매, 수키와 3,158매, 마루기와 45.6m - 목공사 : 축부재보수 18,200재, 포부재 7,990재 - 창호공사 : 창호보수 34개	칠불사 자체 공사
	1992년	아자방 화재안전공사(군비 70,000 천원)	
	2000년	아자방 번와보수(106.47㎡)	
	2006년	- 국비 15,000 천원, 도비 5,250 천원, 군비 9,750 천원	
	2009년	아자방 머릿돌(이마돌) 보수공사	
	2013년	칠불사 아자방지 기록화보고서	
	2015년~현재	칠불사 아자방지 구들 등 보수공사 중 아자방지 발굴조사	

발굴조사

고려시대에 조성된 것으로 추정되는 건물지와 조선시대(1832년 : 순조 32년)에 중건된 것으로 추정되는 아자방과 관련된 건물지 일부가 남아있는 것을 확인하였다.

고려시대 건물지는 상단과 하단으로 약 1.6m 정도 단을 이루면서 조성되어있다. 상단에는 적심 2기와 수혈 1기, 적석시설이 확인되었고, 하단에는 축대 남쪽으로 연접하여 박석과 2열의 기단석열, 방형의 확돌 및 생활면이 확인되었다.

조선시대에 중건된 것으로 추정되는 아자방은 1980년대 진행된 아자방 구들 복원과정에서 구들과 고래 둑, 연도, 굴뚝은 대부분 제거된 상태로 확인되었다. 아자방 북쪽 외곽에서 굴뚝 개자리 흔적, 서쪽 외곽에는 기단석열이 남아 잇다. 아자방 남서쪽 벽체하부에서 기와로 겹겹이 쌓아 만든 고래 둑 흔적이 확인되었고, 북서쪽과 북동쪽 벽체 하부에서는 연도로 추정되는 시설이 확인되었다. 복원된 함실 동편에서 구들 개자리로 추정되는 시설이 일부 확인되었다.

북엽쪽에서는 주아궁이와 보조아궁이, 초석과 계단이 확인되었다. 아궁이는 고려시대 건물지의 축대를 이용하여 조성되어 있으며, 이중 보조아궁이는 1980년대 복원정비 시 대부분 제거되고, 부넘기만 남아있다. 주아궁이는 두 차례에 걸쳐 바닥과 벽면을 점토 등을 덧발라 개보수하여 사용한 것으로 파악되었다.

주아궁이 서쪽에는 초석과 계단이 확인된다. 초석은 주아궁이에서 서쪽으로 1.1m 정도 떨어져 있고, 초석서편에 연접하여 3단으로 이루어진 계단이 확인된다. 계단은 부엌 서쪽 외곽에서 보조아궁이로 올라가는 시설로 추정된다.

'千年의 秘密' 아자방 온돌

고려시기 확돌 · 아궁이 문 돌저귀로 추정

| 그림 20 | 고려시대 층위에서 발견된 확돌
(돌쩌귀로 가마형 아궁이 불문에 사용된 것으로 추정)

　유물은 아자방 내 북서쪽 모서리 추정 연도 주변, 아자방 기단 조성을 위한 매립층과 고려시대 건물지 상부 퇴적층, 조선시대 주아궁이에서 고려시대 복합문 평기와와 귀목문 암막새, 수막새, 와전, 조선시대 중호문, 집선문, 무문 등의 평기와편이 출토되었고, 자기류로는 청자편, 분청사기편, 백자편이 출토되었다.

제4장 지리산 칠불사 아자방 구들의
해체와 복원

智异山七佛寺亚字房炕的解体和复原

Deconstruction and Restoration of Jiri Mountain's Chilbulsa Aja-bang Ondol[1]

2015년 9월 지리산 산록에 위치하고 행정구역상으로 경남 하동군 화개면 범왕리에 소재한, 칠불사의 경남 유형문화재 제144호 아자 방이 방바닥의 대부분이 주저앉고, 부뚜막의 이맛돌이 내려앉는 현상이 발견되어 수리공사가 필요한 상황이 발생하였다.

동년 10월 경남지방 문화재 위원의 현지조사 결과 바닥의 침하는 노후화로 인해 고래 둑의 침하와 상부 구들돌의 이격에 의해 발생하였고, 이맛돌은 계속되는 화목의 열에 견디지 못하고 파괴되어 방과 부뚜막의 전면적인 해체수리가 필요하며, 1982년 현재의 아자방으로 복원할 당시 원형에서 변형되었다는 설이 널리 퍼져있어 이를 확인하고, 복원 가능한 자료를 가능한 많이 확보하여 공사에 반영하는

---

1 2017년 하동군에서 발행된 하동 칠불사 아자방 기록화 조사 보고서에서 인용하여 정리함.

것이 좋겠다는 의견이 제시되었다.

동년 11월 공사 시행 전 경남도와 하동군, 사찰 측에서 이에 동의하고, 각계의 관계 전문가들을 아자방 복원을 위한 자문단으로 위촉하였다. 몇 차례의 자문위원회의를 거쳐 현 아자방의 모습을 전제로 한 소극적인 수리공사 대신 전면 시굴을 통해 이전의 유구를 확인하고, 복원 가능한 시점을 결정하여 복원공사를 실시하기로 하였다.[2]

1. 칠불사 아자방지 문화재 개요

지정현황

문화재명 : 칠불사 아자방지(七佛寺 亞字房址)

지정별 : 경상남도 유형문화재 제144호

소재지 : 경상남도 하동군 화개면 범왕리 1605번지

건립연대 : 신라 효공왕(897~912년) 재위 시 담공선사가 아자방(일명 碧眼堂)을 최초 건립, 순조 30년(1830년) 화재로 소실, 순조 32년(1832년) 전후 대은스님과 금담스님의 노력으로 복구, 다시 1949년 여수 순천10.19사건 등으로 인하여 전소되어 아자방은 구들만 잔존, 그 후 그 위에 함석지붕으로 덮어 보존해 오다가 1982년에 현재의 모습으로 복원.

---

2 2020년 제19차 국제온돌학회 국제학술심포지움 논문집에 발표한 경상대학교 고영훈 교수의 논문 〈하동 칠불사 아자방 온돌수리공사 원형복원에 관하여〉에 실린 원고에서 인용하여 정리함.

건물현황

구조 : 목조가구조, 한식기와 지붕(맞배지붕)

용도 : 참선수행 선방

문화재 지정면적 : 231.56㎡(보호구역면적 : 153,961.1㎡)

면적 : 115.2㎡(공부상 면적)

2. 칠불사와 아자방의 연혁

칠불사 연혁

칠불사는 대한불교조계종 13교구 본사인 쌍계사(雙磎寺)의 말사
로 언제 창건되었는지는 정확한 자료가 없으나, 여러 문헌에서 이
절의 창건과 관련된 몇 가지 설화가 전하고 있다.

연담(蓮潭)의 〈칠불암상량문(七佛庵上樑文)〉에 의하면, 신라 신문
왕 때 지리산 옥부선인(玉浮仙人)이 부는 옥적(玉笛)의 소리를 들은
일곱 명의 왕자가 입산하여 6년 만에 도를 깨닫고 이 암자를 창건하
였다고 한다. 또한《삼국유사》가락국기에 의하면 김수로왕은 서기
42년에 화생(化生)하였으며, 인도 아유다국 허황옥 공주를 왕비로 맞
이하여 10남 2녀를 두었다. 그 중 장남은 왕위를 계승하였고, 둘째
와 셋째 왕자는 어머니의 성을 이어 받아 김해 허씨(許氏)의 시조가
되었으며, 그 나머지 일곱 왕자는 외숙인 장유화상을 따라 출가하였
다고 한다. 그들은 장유화상의 가르침을 받으며 가야산에서 3년간
수도하다가 의령 수도산과 사천 와룡산 등을 거쳐 신라 파사왕 22년

(101년)에 이곳 지리산 반야봉 아래에 운상원(雲上院)[3]을 짓고 정진한 지 2년인 만인 신라 파사왕 24년(103년) 8월 보름에 금왕광불(金王光佛), 금왕당불(金王幢佛), 금왕상불(金王相佛), 금왕행불(金王行佛), 금왕향불(金王香佛), 금왕성불(金王性佛), 금왕공불(金王空佛)으로 성불했기 때문에 칠불암(七佛庵)으로 고쳤다고 〈칠불암현판기(七佛庵懸板記)〉에 전한다.[4]

그리고 《삼국사기(三國史記)》권32 악조에 의하면 신라 경덕왕(742~764년)때 사찬 공영의 아들 옥보고(玉寶高)가 지리산 운상원에 들어가 50년 동안 현금을 연구하여 새로운 곡조 30곡을 지었다고 한다. 이 곡조를 속명득(續命得)에게 전하고, 속명득은 귀금(貴金)선생에게 전하였다. 귀금선생이 운상원에서 나오지 않자 신라왕은 금도(琴道)가 끊어질까 염려하여 이찬 윤흥(允興)에게 그 음률을 전수 받게 했다. 이에 윤흥은 안장(安長)과 청장(淸長)을 지리산으로 보내 귀금선생이 비장(秘藏)한 음률을 배워 오게 하니 귀금선생은 표풍(飄風) 등 세 곡을 안장과 청장에게 전했다. 안장은 그의 아들 극상(克相)과 극종(克宗)에게 전했다. 한편 신라 효공왕(897~912년)때에 담공선사(曇空禪師)가 벽안당(碧眼堂, 일명 亞字房)을 건립하였다고 한다. 이 당시 불을 한번 때면 100일 또는 49일 정도 온기가 지속되었다는 설이 전해지고 있다. 신라시대에는 뚜렷한 족적이 남아있지 않으며 다만, 정명선

---

3 운상선원은 옥보대라고도 하는데, 장유보옥선사의 이름을 따서 옥보대라고 한다는 설과 거문고 전승자인 옥보고의 이름을 따랐다는 설이 있다.

4 진응(震應)의 〈지리산지(智異山誌)〉에 의하면 지리산은 칠불조사(七佛祖師)인 문수보살이 머무는 곳이기 때문에 칠불암(七佛庵)이라고 하였다고 한다. 이 중 가락국 7왕자의 성불 및 창건설이 가장 많이 채택되고 있다. (《한국민족문화대백과사전》22, p.782)

	시기	내용
가락국	시조왕 60년 (101년)	가락국 시조의 칠 왕자가 가야산에서 이곳으로 옮겨와 운상원을 짓고 수도
	시조왕 62년 (103년)	8월 15일 칠 왕자가 이곳에서 수도한지 2년만에 동시성불(同時成佛)
신라	경덕왕 (742~764년)	옥보고(玉寶高)가 운상원(雲上院)에서 거문고 신조(新調) 30곡을 작곡하여 전함
	효공왕 (897~912년)	담공선사(曇空禪師)가 벽안당(碧眼堂 일명 亞字房)을 건립
고려	-	정명선사(靜明禪師)가 칠불암에서 수도
조선	중종 29년 (1534년)	서산대사가 칠불암 대웅전을 번와하고 칠불사 개와낙성시를 지음
	광해군 (1608~1622년)	부휴당(浮休堂) 선수대사(善修大師)가 오랫동안 이 절에 머물면서 경전(經典)을 열람하는 한편 사옥(寺屋)을 보수
	순조 26년 (1826년)	대은선사(大隱禪師)가 영암 도갑사에서 스승인 금담(錦潭)스님과 칠불사에 와서 《범망경(梵網經)》에 의지하여 용맹기도를 하여 서상수계(瑞祥受戒)하여 해동계맥을 수립
	순조 28년 (1828년)	초의선사(草衣禪師)가 아자방에 참선하면서 청나라 모환문(毛煥文)이 지은 《만보전서(萬寶全書)》의 다경채요(茶經採要)에서 다신전(茶神傳)을 초록
	순조 30년 (1830년)	보광전(대웅전), 약사전, 설선당, 벽안당(아자방), 미타전, 칠불각, 보설루, 료사 등 십 수 동이 화재로 소실
	순조 32년 (1832년)	대은스님과 금담스님 두 율사의 주재로 전국 사찰의 협조로 복구

사(靜明禪師)가 칠불암에서 수도했다는 기록이 남아있다.

순조 30년(1830년)에 칠불사에 큰 화재가 나서 보광전, 약사전, 미타전, 벽안당(일명 : 아자방), 칠불각, 설선당, 보설루, 요사채 등 10여 동의 건물이 전소되었는데 그 이듬해인 순조 32년(1832년)에 대은스님과 금담스님 두 율사의 주재로 전국 사찰의 협조로 모든 전각이 복구되었다.[5] 고종 44년(1907년) 토비의 난으로 칠불사의 승려들이

---

5 김선신(金善臣)의 《두류전지(頭流全誌)》에 의하면, 당시 비로법전·고승당·약사석불·부휴조

시기		내용
근대	1910년	1907년 토비의 난으로 승려들이 흩어졌다가 당해에 다시 선사(禪社)를 크게 열었는데 이 때 당우들을 서기룡(徐起龍) 화상이 중수
	1949년	1월 여수 순천10.19사건과 6.25사변 당시 작전상 이유로 국군에 의하여 모든 전각이 전소되고 단지 아자방 온돌의 원상만 남음
	1957년	10월 최영, 윤석헌, 한영석, 현해문 4인이 대한불교조계종 종정(河東山)의 승인하에 〈칠불사수자회〉를 구성하고 현지에서 수행
	1959년	이원선, 오재린 등이 〈대한불교조계종 칠불사 재건 기성회〉를 구성
	1962년	10월 19일 향산(香山, 속명 姜聲來)스님이 칠불사 주지가 됨
	1965년	2월 19일 통광(通光, 속명 禹春成)스님이 아자방 위 칠불각터에 기도실을 짓고 칠불사 복원을 위한 천일 기도를 시작 7월 23일 혜광(慧光, 속명 崔正石)스님이 칠불사 주지가 됨
	1966년	2월 1일 문교부 문화재관리국 영선계 기사 외 3인이 아자방 실태 조사차 현지를 답사
	1967년	3월 10일 대한불교조계종에서 칠불암을 칠불사로 승격
	1969년	11월 함석으로 이은 임시 요사 5칸을 건립
	1971년	4월 7일 통광(通光, 속명 禹春成)스님이 칠불사 주지가 됨
	1976년	12월 20일 아자방지(亞字房址)가 경상남도 유형문화재 제144호로 지정
	1980년	6월 20일부터 다음해인 5월 30일까지 대웅전, 조사전 신축
	1981년	10월 17일부터 12월 25일까지 요사채 보수
	1982년	1981년 11월 21일부터 다음해인 10월 14일까지 아자방 복원
	1983년~ 1984년	칠불사 부속건물, 누각, 주지실, 종각, 채공실 보수공사 대웅전 내에 목각으로 삼존불상, 칠불탱화, 신장탱화 조성 허북대(許北臺)에서 칠불에 이르는 상수도 설치 경내 진입로 확장 포장 사찰 주변 임야 50만 평을 매입
	1989년	운상원 복원, 대웅전, 문수전, 설선당, 보설루, 주지실, 종각 등의 기와를 동기와로 교체 연동(蓮洞)에서 칠불사까지 약 5km의 수도공사 식당과 요사채 건립
	1994년	초의선사(草衣禪師) 다신탑비(茶神塔碑) 건립
	1995년	칠불사 사적비(寺蹟碑) 건립
	1996년	일주문 완공
	2009년	선다원(禪茶院) 완공
	2013년	템플스테이 선방 신축 및 기록화 사업
	2015년	해체 보수공사 시작 현재 중지
	2017년	해체 보수공사 중 발굴조사

| 표 1 |

'千年의 秘密'아자방 온돌

흩어졌다가 1910년에 다시 선사(禪社)를 크게 열었는데 이 때 당우들을 서기룡(徐起龍) 화상이 중수하였다는 기록으로 보아 1907년 토비의 난 당시 칠불사의 당우가 크게 훼손된 것으로 볼 수 있다.

일제 강점기 당시에는 큰 변화 없이 스님들의 기도처로서 유명했는데 그 당시 민족대표 33인 중의 한 분이신 용성선사는 아자방에서 선승들을 지도하는 여가에 《귀원정종(歸源正宗)》을 저술하여 불교의 종지를 드러냈으며, 금오선사는 위법망구(爲法忘軀)의 서암선사등 선승들을 모아 결사정진을 하였다. 광복 후 우리나라는 이데올로기 대립의 장으로 극심한 혼란을 겪게 되는데 그 와중에 칠불사도 초토화된다. 즉 1949년 1월, 여수 순천10.19사건 시기에 국군이 작전상 이유로 칠불사의 모든 전각을 전소시켰으며 단지, 아자방의 구들만이 원상태로 남게 되었다. 그 후 아자방의 구들은 1982년 복원될 때까지 어느 정도 보존되었다.

1957년 10월에는 최영(崔瑛), 윤석헌(尹錫憲), 한영석(韓英錫), 현해문(玄海文) 4인이 대한불교조계종 종정의 승인 하에 〈칠불사수자회(七佛寺修者會)〉를 구성하고 폐허가 된 칠불사에서 수행하였다. 그리고 1959년 이원선(李源善), 오재린(吳在璘) 등이 칠불사 복원을 위해 〈대한불교조계종 칠불사 재건 기성회(大韓佛敎曹溪宗七佛寺再建期成會)〉를 구성하여 활약하였으나 큰 성과를 보지 못했다.

1962년 10월 19일에는 향산(香山, 속명 姜聲來)스님이 칠불사 주지로 임명되었다. 그리고 1965년 7월 23일에는 향산스님에 이어 혜광

사치아탑·조능의 부도 등이 있었다고 하며, 11동의 건물이 잇따라 있어서 비를 맞지 않고도 다닐 수 있었다고 한다. (《한국민족문화대백과사전》 22, p.782)

(慧光, 속명 崔正石)이 주지로 임명되었다.

　1967년 3월 10일에는 대한불교조계종에서 '칠불암(七佛庵)'을 '칠불사(七佛寺)'로 승격시켰다.

　1969년 11월 함석으로 이은 임시 요사채 5칸을 지었다. 1971년 4월 7일에 통광(通光, 속명 禹春成)스님이 칠불사 주지로 임명되었다. 1976년 12월 20일에는 칠불사 아자방지(亞字房址)에 대하여 경상남도 유형문화재 제144호로 지정되다. 이를 계기로 1978년부터 통광(通光) 주지가 백방으로 노력하여 칠불사 전각 복원을 위한 기초단계에 들어갔고 1980년부터 1983년에 걸쳐 대역사가 시작되었다. 표에서 보는 바와 1980년 대웅전 신축을 시초로 조사전이 1981년 준공되었으며, 1981년에는 기존 요사채를 철거하고 신축하였고, 그해 11월 21일 아자방 복원공사에 착수하여 그 다음해인 1982년 10월 14일 준공되었다. 또한 1983년부터 1984년 사이에 칠불사 부속건물, 누각, 주지실, 종각, 채공실 등의 공사가 있었다. 그밖에 이 시기에 대웅전 내에 목각으로 삼존불상, 칠불탱화, 신장탱화 조성, 허북대(許北臺)에서 칠불에 이르는 상수도 설치, 경내 진입로 확장 포장 등을 하고, 또한 사찰 주변 임야 50만 평을 매입하였다.

　1989년에는 기존 요사채로 쓰고 있던 함석지붕의 건물을 철거하고 현재와 같은 운상선원이 복원되었다. 또한 대웅전, 문수전, 설선당, 보설루, 주지실, 종각 등의 기와를 동기와로 교체되었으며, 연동(蓮洞)에서 칠불사까지 약 5㎞의 수도공사를 하였고, 식당과 요사채가 건립되었다.[6]

6　하동 칠불사 아자방 기록화조사보고서, 하동군, 2017

아자방 연혁

| 그림 1 |

칠불사(七佛寺) 아자방(亞字房)은 신라 효공왕(孝恭王, 897~912년) 때에 담공선사(曇空禪師)가 벽안당(碧眼堂, 일명 亞字房)을 건립하였다고한다.[7] 그 후의 상황은 알려져 있지 않으나 초창 당시부터 불을 한번때면 100일 혹은 49일 정도 온기가 있었다는 설이 전해져 오고 있으며, 중건 또는 중수에 대한 기록은 통일신라, 고려, 조선시대 초기까지의 기록은 발견되지 않고 순조 30년(1830년) 칠불사 화재 때 경내의 다른 전각과 함께 아자방(亞字房)도 함께 소실되었다는 기록이나타난다. 소실된 그 이듬해인 순조 32년(1832년)에 금담선사(金潭禪師)와 대은선사(大隱禪師)가 전국 사찰의 협조로 5년 만에 사찰의 모든 건물이 중창되었는데 아자방도 이때 중건되었다.[8] 그리고 고종

---

7 칠불선원 사적기에는 신라 지미왕 8년(119년)에 벽안당을 지었다는 기록이 있다.

8 이전에도 여러차례 중수가 있었을 것으로 추정되는데 특히, 〈난중잡록(亂中雜錄)〉 권3에
   언급된 내용을 살펴보면 임진왜란 당시인 선조 31년(1598년) 4월 10일 곤양 주둔해 있던
   왜적 400여 명이 지리산 일대로 쳐들어와 백성을 살육하고 칠불암으로 돌아와 다시 집결

44년(1907년) 토비의 난으로 칠불사의 승려들이 흩어졌다가 1910년에 다시 선사(禪社)를 크게 열었는데 이 때 당우들을 서기룡(徐起龍) 화상이 칠불사의 퇴락된 전각을 중수하였는데, 이 때 아자방도 보수 되었을 것으로 추정된다. 이 당시 아자방(亞字房)에서 참선공부 할 때는 장좌불와(長坐不臥, 늘 앉아만 있고 눕지 않는 것), 일종식(一種食, 하루 巳時에 한 끼만 먹는 것), 묵언(默言, 말하지 않는 것)의 세 가지 규칙이 있었다고 한다. 이러한 규칙을 통하여 수많은 수도승들이 아자방을 거쳐 갔는데 그 중 유명한 선승으로는 고려 시대의 대선사인 청명화상 (淸明和尙)을 비롯하여, 조선 중종 대의 추월(秋月) 조능선사(祖能禪師) 등이 대표적이다.[9] 다승(茶僧) 초의선사(草衣禪師)도 이곳에서《다신전 (茶神傳)》을 저술하였으며, 용성(龍城)·석우(石牛)·금오(金烏) 등의 선사 들과 근대 성철스님, 일타스님 등 여러 수도승들과 더불어 수행하였 다. 일제 강점기에는 중수된 이후 변화가 없었던 것으로 보인다.

그리고 당시 아자방의 상황를 특정할 수 있는 중요한 단서의 내용이 있는데, 동아일보 1939년 9월 8일자 "천년아자방의 신비편"의 기사를 살펴보면, 암내에 아자형(亞字形) 이중온돌방(二重溫突房)이 있는데 신라 지미왕(또는 지마왕) 8년에 담공선사가 축조한 것이다. 천여년의 장구한 역사를 가지고 현금에 지하기까지 1차의 개수한바 무 (無)하였으나 한번 불을 때이면 3일간은 온기가 골고루 지속된다는 데 고석(古昔) 우리의 교묘(巧妙)한 예술에 탄복할 따름이다라는 기

하였다는 기록으로 보아 임진왜란 당시 칠불사의 전각과 함께 아자방도 많은 훼손이 있었을 것으로 추정된다. 따라서 광해군(1608~1622년) 당시 부유당 선수대사가 칠불사의 전각을 중수하였는데 이때 아자방도 중수된 것으로 추정된다.

9   조능선사는 벽송(壁松) 지엄조사(智嚴祖師)의 제자

사가 나온다. 따라서 기존에 내려오던 아자방 온돌은 한 번 불을 지피면 100일 혹은 49일 동안이나 따뜻하였다고 전해지나 어느 정도 과장된 것으로 볼 수 있으며, 현재와 같은 아자방으로 복원되지 직전의 모습을 통하여 아자방은 한번 불을 때면 3일 정도 온기가 남아있는 정도인 것이 타당할 것으로 생각되어진다.[10] 그리고 1949년 1월에 국군의 작전상 이유로 칠불사의 모든 전각이 전소되고 단지 아자방은 구들만이 원상태로 남게 되었다. 그리고 칠불사 복원을 위해 적극적으로 행동으로 옮긴 분이 제월 통광(霽月 通光)스님으로 1965년 2월 19일 아자방 위 칠불각터에 기도실을 짓고 칠불사 복원을 위한 천일기도를 시작하였다. 이때부터 본격적인 아자방을 비롯한 칠불사의 전각 복원에 대한 논의가 시작되었다.

1966년 2월 1일에는 문교부산하 문화재관리국 영선계(營繕係) 기사외 3인이 폐허로 남아있는 칠불사를 방문하여 아자방 실태를 현지답사하였다. 아자방지 구들의 보호를 위해 임시방편으로 함석지붕을 만들어 보호하게 되었으며, 이 아자방지(亞字房址)가 1976년 12월 20일 남아있는 구들의 우수성만이라도 충분히 문화재적 가치가 인정되어 경상남도 유형문화재 제144호로 지정되었다.

1981년 해체 수리할 때 간단한 시굴조사가 선행되었는데[11] 그 당시 1m 이상의 바닥두께와 10㎝ 두께의 방바닥 장판이 있었다고 한다. 구들장을 고이는 고임돌은 기와조각과 돌로 쌓았고 고래를 형성

---

10 일설에는 아자방이 초창이후 구들의 원형이 변화되지 않았고 100년에 한 번씩 구들 안쪽으로 물청소를 하였다고 한다.

11 관련내용은 김준봉·리신호·오홍식,《온돌 그 찬란한 구들문화(개정판)》, pp. 299~319에서 발췌하여 재정리함.

하는 구들돌은 불을 처음 맞는 아궁이쪽에 더 두터운 것이 되었으며 북쪽 굴뚝으로 빠지는 골 밖에서 한 단 더 떨어뜨려 개자리를 둔 것으로 추정되었다. 또한 아자방 구들돌 두께는 20㎝ 이상 되는 것이 많이 발굴되었다. 아궁이는 가운데 큰 함실이 있는 아궁이와 확실치는 않으나 가운데 아궁이 한쪽 끝에 외곬고래용 아궁이 흔적이 발견되었다. 또한 아궁이에서 회굴 쪽으로 종경사는 급한 경사 각도를 가지고 있다고 보고되었다.

| 그림 2 |

'千年의 秘密' 아자방 온돌

	시기	내용	비고
신라	효공왕 (897~912년)	담공선사(曇空禪師)가 아자방(亞字房, 일명 碧眼堂)을 건립	
조선	광해군 (1608~1622년)	부휴당(浮休堂) 선수대사(善修大師)가 아자방 중수 추정	
	순조 30년 (1830년)	칠불사 다른 전각과 함께 아자방도 화재로 소실	
	순조 32년 (1832년)	대은스님과 금담스님 두 율사의 주재로 전국 사찰의 협조로 아자방 복구	
근대	1949년	1월 여수 순천10.19사건으로 작전상 이유로 국군에 의하여 모든 전각이 전소되고 아자방의 온돌만 남음	
	1966년	2월 1일 문교부 문화재관리국 영선계 기사 외 3인이 아자방 실태 조사차 현지를 답사	
	1976년	12월 20일 아자방지(亞字房址)가 경상남도 유형문화재 제144호로 지정	
	1981년	아자방지 복원을 위한 사전 발굴조사	
	1982년	• 아자방 복원공사 - 기초공사 : 기단보수 10.8㎡, 기단바닥보수 및 강회다짐 108㎡ 주초석보수 9개 - 지붕공사 : 번와공사 241.4㎡ 암기와 7,834매, 숫기와 3,158매, 마루기와 45.6m - 목공사 : 축부재보수 18,200재, 포부재 7,990재 - 창호공사: 창호보수 34개 - 사업비 : 50,000 천원 - 설계자 : 태창건축사사무소 - 시공자 : 흥농토건	
	1992년	아자방 화재안전공사(군비 70,000 천원)	
	2000년	아자방 번와보수(106.47㎡) - 국비 15,000 천원, 도비 5,250 천원, 군비 9,750 천원	
	2006년	아자방 소화설비 보수, 노후관 보수, 저수탱크 보수 - 125,380 천원(도비 21,942 천원, 분권교부세 62,690 천원, 군비 40,748 천원)	
	2009년	아자방 머릿돌(이마돌) 보수공사	칠불사 자체공사
	2013년	칠불사 아자방지 기록화보고서	
	2015년 ~현재	칠불사 아자방지 구들 등 보수공사 중 아자방지 발굴조사	

| 표 2 | 아자방 주요 연혁

| 그림 3 | 1960년대 아자방지 모습 (출처 : 칠불사 제공)

| 그림 4 | 1979년 아자방지 모습 주 : 통광주지와 상좌 통림스님 (출처 : 칠불사 제공)

| 그림 5 | 1980년 아자방지 복원 직전의 모습 (출처 : 칠불사 제공)

'千年의 秘密' 아자방 온돌

| 그림 6 | 1981년 아자방지 복원 직전의 모습 (출처 : 변철수 제공)

| 그림 7 | 1980년 아자방지 복원 직전의 현황 (출처 : 변철수 제공)

| 그림 8 | 1980년 아자방지 복원 직전의 전면 석축 (출처 : 변철수 제공杮飌)

| 그림 9 | 1982년 발굴당시 구들장 현황 (출처 : 변철수 제공)

| 그림 10 | 1982년 발굴당시 구들장 및 고래 현황 (출처 : 변철수 제공)

| 그림 11 | 1982년 발굴당시 구들장 조사도 (출처 : 변철수 제공)

160 　　　　　　　　　　　　　　　'千年의 秘密' 아자방 온돌

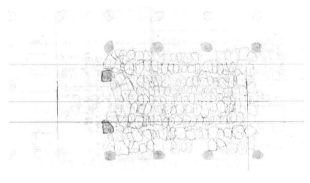

| 그림 12 | 1982년 해체조사 당시 고임돌 배치도 (출처 : 변철수 제공)

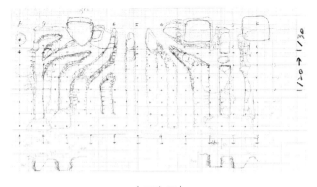

| 그림 13 |

　고임돌의 배치는 발굴 조사도와 같이 9개의 고래와 8개의 고래 둑 그리고 두 개의 시근담으로 구성되어 줄고래에 가까운 부채살 모양으로 되어 있었으며, 큰 어미아궁이(주아궁이)와 보조아궁이(외골고래용)로 구성되어 있었다. 아자방 구들은 수리 당시 아궁이 부분이 모두 파괴되어 흔적을 찾기 어려웠고 지상 건물 또한 전부 소실되었기 때문에 발굴과 복원이 일관되게 진행되지 못하였고 소실 이전의 모습을 완벽하게 복원할 수 없었다.

　그리고 아자방의 복원은 1981년 11월 21일 착공하여 1982년

10월 14일 준공되었다. 이 당시 설계는 태창건축사사무소에 수행하였으며, 홍농토건에서 사업비 50,000 천원에 수행되어 지금과 같이 정면 5칸, 측면 2칸의 이익공 맞배지붕으로 복원되었다. 해체 복원시 구들 공사에 당대 최고의 구들장인인 김용달(金龍達)[12]이 수행하였다. 지금의 구들은 하나의 부뚜막이 아궁이로 되어 있고 아궁이속의 함실 크기는 사람이 들어가 앉아 손을 들어 이맛돌을 만질 수 있는 정도이다. 삼각 형태의 이맛돌부분은 새로 만든 석재가 맞지 않아서 불힘을 견디지 못해 부스러져서 최근에 재수리되었다.[13]

이 당시 김용달(金龍達)은 다음과 같이 회고하였는데 "아자방 복원시 구들을 당초대로 시공되었는데 기대수준 만큼 온도가 올라가지 않아 아(亞)자의 굴곡마다 놋쇠판을 대고 건물 좌측에 따로 떨어져 있는 굴뚝에는 열을 조절하는 놋쇠판을 두어 온돌의 열효율을 높였다."고 한다.[14]

그리고 1992년에는 군비 70,000 천원을 들여 아자방 화재안전 공사가 있었고, 2000년에는 국비 15,000 천원, 도비 5,250 천원, 군비 9,750 천원으로 아자방 번와보수(106.47㎡)가 있었다. 이 당시 보수설계는 ㈜옛터건축사사무소가 수행했다. 그리고 2006년에는 도비 21,942 천원, 분권교부세 62,690 천원, 군비 40,748 천원 등 도합 125,380 천원을 들여 아자방 소화설비 보수, 노후관 보수, 저수탱크

---

12 김용달은 3대째 가업으로 구들 기술을 전수받았으며, 수도사, 백련암, 봉암사 등 전국의 사찰과 민간 가옥에 구들 시공을 맡아 왔다. 다만 그는 무형문화재지정을 신청하였으나, 글을 읽지 못한다는 이유로 거부 되었다고 전한다.

13 김준봉·리신호·오흥식,《온돌 그 찬란한 구들문화(개정판)》, pp.299~319에서 재인용.

14 경상남도,〈경남문화재대관〉, p.168에서 재인용.

보수 등이 있었으며, 이 당시 보수설계는 ㈜세안건축사무소에서 수행했다. 가장 최근인 2009년 11월에 아자방 이맛돌 보수공사가 있었는데 구들은 경남인근에서 당시 활동하던 안진근에 의하여 아자방의 구들 해체수리가 수행되었다.[15] 이 때 지은이도 함께 참여하여 아궁이를 통해 구들장 아래 함실(아궁이 후렁이)에 들어가 앉은 채로 상태를 확인하고 '人'형태인 맞배지붕처럼 시공된 아랫목돌(함실장)을 확인하고 거의 사람이 앉아서 걸어 다닐 정도의 큰 고래를 확인 할 수 있었다. 아래는 당시 지은이가 아궁이 속에서 직접 촬영한 사진이다.

| 그림 14 |

---

15 그의 회고에 의하면 통광주지가 은밀히 아자방의 구들을 새로 놓겠다는 제안을 했을 때 그는 가슴이 뛰었다고 한다. 그는 흙과 돌을 걷어내면 거기 신비한 구조가 드러날 것을 기대했다고 한다. 칠불사 스님과 다른 구들장인들의 입회하에 방바닥을 뜯어내고 흙을 걷고 구들상을 들어내고 자연석 돌마저 걷어낸 후 고래가 놓인 위치와 구조를 살펴보았는데 규모가 크고 고래 놓인 것이 복잡한 것 말고는 사실 큰 비밀은 없었다고 한다. 《신동아》, 2011년 10월호, p.444~455

함실에서 좌측 부분으로 가는 고래

맞배형대로 놓은 구들장과 정면 쪽으로
가는 작은 구멍이 가운데 고래로 연결된다

함실 천정 부분의 구들장이
그을린 모습이 보인다

'人'형태인 맞배지붕처럼 시공된
아랫목돌(함실장)

| 그림 15 |

| 그림 16 |

　　　　　　　　　　　'千年의 秘密' 아자방 온돌

3. 아자방의 건축적 특성

2013년 기록화사업을 통하여 아자방의 현황에 대해 정밀한 실측을 통한 자료구축과 더불어 심도 있는 연구의 대상으로 살펴볼 수 있는 기회가 되었으며 이러한 세부적인 자료를 통해 해체보수 및 발굴조사를 시행하여 당초 조사에서 측정할 수 없는 구들시스템을 조사하였다. 먼저 상부 구조물에 대하여 하동(河東) 칠불사(七佛寺) 아자방(亞字房)의 건축적 특징을 각 부분별 살펴보면 다음과 같다.

① 평면 - 아자방(亞字房)은 정면이 5칸이고, 측면이 2칸인데 높은 구들을 만들기 위해 부엌과 방의 기단 높이를 기준으로 1,600㎜ 정도 단차를 두어 평면이 구성 되었다. 정면은 5칸 중 좌측 2칸은 부엌이고, 우측 3칸은 방으로 구성되어 있다. 주칸은 어칸과 좌·우협칸, 좌·우퇴칸의 간격은 거의 비슷하다. 배면은 5칸 중 좌측 2칸은 부엌이고, 우측 3칸은 방으로 출입할 수 있도록 툇마루로 구성되어 있다. 방은 3칸으로 구성되어 있는데 이 중 가운데 칸을 중심으로 아자형(亞字型)으로 방바닥을 구성되어 있다. 즉, 가운데를 중심으로 좌측을 "ㄷ형" 우측을 "ㄱ형"으로 하여 가운데 바닥보다 350㎜ 정도 바닥을 높게 잡아 수도승이 면벽(面壁)을 통한 참선(參禪) 수행이 될 수 있도록 한 곳을 '좌선처'라 하였으며, 가운데 십자 모양의 낮은 곳은 참선하다가 잠시 내려와 쉬는 '경행처'로 명명되어 있다.

구 분	정 면		비 고	구 분	배 면		비 고
	mm	尺			mm	尺	
1 - 2	2,887	9.53	부엌	1′ - 2′	2,866	9.46	부엌
2 - 3	2,895	9.55		2′ - 3′	2,877	9.50	
3 - 4	2,869	9.47		3′ - 4′	2,873	9.48	
4 - 5	2,874	9.49	방	4′ - 5′	2,888	9.53	방
5 - 6	2,886	9.52		5′ - 6′	2,913	9.61	
계	14,411	47.56		계	14,417	47.58	

구 분	좌측면		비 고	구 분	우측면		비 고
	mm	尺			mm	尺	
A - B	3,938	13.00	부엌	A′ - B′	6,057	19.99	방
B - C	3,942	13.01		B′ - C′	1,822	6.01	툇마루
계	7,880	26.01		계	7,879	26.00	

| 표 3 | 아자방 평면 실측치

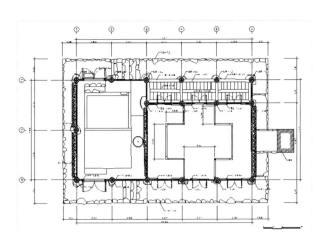

| 그림 17 | 아자방 평면도

② 기단과 주초석 - 아자방은 구들을 놓기 위해 경사지형을 이용
하여 의도적으로 부엌과 선방의 기단 단차를 두고 약간의 절토를 통

'千年의 秘密' 아자방 온돌

해 기단 좌우 단차가 있는 외벌대 기단으로 구성되었다. 다만 정면의 계단 상부 기단은 두벌대 기단으로 구성되어 있으며 기단은 좌측면과 우측면의 높이의 차가 평균 1,540㎜ 정도 된다. 초석은 모두 가로와 세로의 너비가 일정치 않은 자연석의 상면 일부만 가공한 형태로, 그 모양은 방형, 원형 등 원래 생긴 형태에 가깝게 가공된 낮은 초석이 사용되었다. 한식목조건축에서는 건물의 안정감을 주기 위해 자연석을 이용할 경우, 기둥의 폭에 2배 정도 사용되는 것이 일반적이다. 아자방의 초석은 기둥 폭에 1.7배 이상인 것이 사용되었는데 초석의 높이는 짧게 잡고 상면을 평평하게 하므로서 지지력을 높이고 있다.

③ 기둥 - 건물이 놓여진 기단의 단차에 의하여 주장이 다른 것이 사용되었다. 부엌이 있는 하단의 기둥은 주장이 긴 장주(長柱)가 사용되었고, 방과 툇마루가 있는 상단의 기둥은 주장이 상대적으로 짧은 단주(短柱)가 사용되었다. 장주(長柱)와 단주(短柱)의 흘림율 각각 0.67%~1.84% 정도, 1.19%~2.68% 정도로 어느 정도 흘림을 준 것을 알 수 있으며, 하부 굵기에 대한 길이의 비는 각각 8.6~9.8 정도, 6.8~8.0 정도로 상대적으로 굵은 부재가 사용되었으며 특히 장주임에도 불구하고 어느 정도 굵은 부재가 사용되었다. 그리고 건물의 안정감을 주기 위해 귀솟음과 안쏠림 기법이 있는데 아자방도 미미하지만 귀솟음과 안쏠림이 적용된 것으로 나타났다.

④ 수장과 창호 - 아자방의 각 칸에는 상방, 중방, 하방이 설치되어 있다. 특히 상방 중 이중살창이 있는 곳은 하상방, 중상방, 상상방으로, 또 단일살창이 있는 곳은 하상방, 상상방으로 그 위치에 따라 구분되어 설치되었다. 그리고 아자방은 정면과 배면에 창호가 설

치되어 있다. 부엌의 주출입문은 두짝여닫이 판장문과 살창 등이 설치되어 있다. 선방은 모두 이중창호로 되어 있으며 바깥쪽으로는 두짝여닫이 띠살문, 두짝여닫이 띠살창 등이 설치되어 있으며, 안쪽으로는 두짝미닫이 격자살문, 두짝여닫이 격자살창 등이 설치되어 있다.

| 그림 18 | 하동 칠불사 아자방 정면

| 그림 19 | 하동 칠불사 아자방 우측면

　　　　　　　　　　　　　'千年의 秘密' 아자방 온돌

| 그림 20 | 하동 칠불사 아자방 좌측면

| 그림 21 | 하동 칠불사 우측면 및 배면

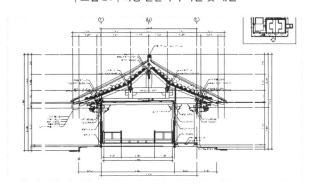

| 그림 22 | 아자방 종단면도(선방부분)

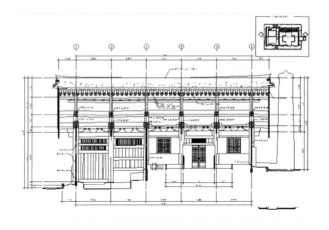

| 그림 23 | 아자방 횡단면도

　⑤ 공포 - 아자방의 공포는 첨차가 있는 이익공으로 되어 있다.
공포의 짜임은 기둥머리를 사괘짜임으로 하여 창방과 직교되게 초
익공을 끼우고 그 위에 주두를 놓은 후 그 위에 다시 이익공과 첨차
를 직교되게 한 후 보머리를 얹었다. 초익공 위에 양옆 네갈소로로
출목첨자를 받았고, 출목첨차 좌우에 양갈소로로 장여와 외목도리
를 순차적으로 받아 보머리와 직교되게 결구되어 있다.

　⑥ 가구구성 - 아자방의 지붕틀은 대량, 종량, 도리, 장여, 동자주,
동자대공 등과 같은 가구재로 구성되어 있다. 가구의 짜임은 외진평
주 전후에 대량을 걸쳐 결구시켜 기본골격이 형성되어 있으며 대량
상부에는 삼분변작하여 가운데 동자주를 세우고 종량을 걸었으며
종량 중앙에 동자대공을 세워 종도리를 받쳤다. 전체적인 외목도리
를 제외하면 가구형식은 5량가로 되어 있다.

　⑦ 천장과 처마 - 부엌의 천장은 연등천장, 선방의 천장은 우물반
자로 구성되어 있다. 그리고 지붕처마는 4면 모두 부연과 연목이 사용

　　　　　　　　　　　　　　'千年의 秘密' 아자방 온돌

된 겹처마로 되어 있으며, 처마 끝은 아래 기단 경계에 맞추어 부연만큼 더 내밀고 있다. 서까래는 상연과 하연이 사용되었는데, 상연은 하연에 비하여 상대적으로 짧은 것을 사용하였으며, 하연은 처마를 길게 내기 위하여 상대적으로 긴 것이 사용되었다. 그리고 지붕의 물매를 날렵하게 보이기 위해 전통한식지붕은 앙곡과 안허리를 주는데, 아자방의 지붕은 맞배지붕으로 팔작지붕보다는 약하지만 앙곡과 안허리를 주어 시각적 보정을 어느 정도 한 것으로 나타났다.

⑧ 지붕 - 아자방은 모두 용마루, 내림마루를 설치한 맞배지붕으로 구성되어 있다. 지붕면과 벽면의 높이 비는 1.0 : 0.9로 지붕의 육중함이 강조되어 있고 용마루는 층단 용마루로 부고, 층단, 부고, 착고 위 적새 7단으로 구성하고 좌우 끝면에 망와로 마무리되어 있다. 내림마루는 착고 위 적새 5단으로 구성되어 있는데 용마루와 마찬가지로 끝면에 망와로 마무리되어 있다. 지붕의 처마부분에는 숫막새와 암막새로 되어 있다. 마루곡은 중앙에서 상하로 가면서 곡을 주어 날렵하게 보이도록 하였다.

이상과 같이 실측조사 자료를 바탕으로 칠불사(七佛寺) 아자방(亞字房)에 대하여 전반적으로 살펴보았다. 여러 가지 특징을 종합해보면, 아자방(亞字房)은 장식적 효과를 최대한 억제하고 기능에 충실하게 가구의 짜임을 하였다. 평면구성은 정면 5칸 측면 2칸으로 참선수행을 위한 선방을 상대적으로 크게 하고, 또한 실질적인 정면은 건물의 뒤편에 두어 스님들의 참선 수행하는데 있어 일반인들로부터 방해를 받지 않도록 배려한 것을 볼 수 있다. 특히 부엌과 선방의 딘차를 1,600㎜ 정도 두고 선방부분에 전통구들을 설치한 수법을 통해 우리나라 전통 온돌문화의 특징을 잘 보여주고 있어 문화재로서 가치를 충분히 가지고 있다고 볼 수 있다. 다만, 현재의 아자방은 1982년에 복원된 것으로 그 당시 구들에 대한 충분한 규명 없이 복원되었기 때문에 금회 해체보수 및 발굴조사를 통해 아자방(亞字房) 구들의 원형을 규명하고자 시행하였다.

다음은 아자방지 벽체 및 부엌, 아궁이 등 해체조사 자료와 아자방지 발굴조사를 정리하였으며, 해체조사 자료와 발굴조사 자료를 기반으로 1982년 복원전 사진 및 실측조사자료를 분석하고 유사 유구들을 조사하여 아자방지의 원형고증을 실시하였다.

4. 해체 조사

부엌 내부 및 아궁이 철거

아자방의 보수를 위해 자문단을 구성하여 여러 차례 회의를 거쳐 진행되었다. 아자방지의 원형 파악을 위해 해체조사 과정을 기록화하였다. 해체공사는 2016년 2월 23일부터 2월 29일간 부엌 내부 및 아궁이를 먼저 철거하였다. 부엌내부의 바닥 강회다짐을 철거하여 바닥하부 석렬을 발견하였으며, 아궁이 부분 좌우측면 강회다짐 부분과 인방 하부 벽체를 같이 해체하여 아궁이 내부 형태를 노출시켰다.

노출된 바닥하부 석렬 등 유구를 조사하기 위해 시굴조사가 선행되었으며, 두 차례의 발굴조사를 통해 아궁이 형태와 보조아궁이 등 고려시대 및 조선시대 구조물과 유물을 발굴하였다. 불아궁이 안에서 장작 등의 땔감이 연소되는 화기와 열기가 넘어가는 불목에는 "人"자 형태의 불목돌이 화기와 연기를 고래로 고르게 넘어 가도록 불고래를 만들었다.

| 그림 24 | 아자방 부엌내부 - 1

| 그림 25 | 아자방 부엌내부 - 2

| 그림 26 | 아자방 아궁이 - 1

| 그림 27 | 아자방 아궁이 - 2

| 그림 28 | 부엌바닥 해체 후

| 그림 29 | 아궁이 상부 벽체 철거

‘千年의 秘密’ 아자방 온돌

| 그림 30 | 아궁이 해체 불목돌 상세

| 그림 31 | 아궁이 불목돌 해체 후

아자방 내부 및 구들 해체

| 그림 32 | 아자방 면벽 수도 모습

　아자방은 3칸으로 구성되어 있는데 이 중 가운데 칸을 중심으로 아자형(亞字型)으로 방바닥을 구성되어 있다. 즉, 가운데를 중심으로 좌측을 "ㄷ"형, 우측을 "ㄱ"형으로 하여 가운데 바닥보다 350㎜ 정도 바닥을 높게 잡아 수도승이 면벽(面壁)을 통한 참선(參禪) 수행을 할 수 있도록 되어 있다. 한편 350㎜ 정도 높여진 바닥의 경계는 머름과 유사한 형식 즉, 머름동자, 머름하방, 머름중방, 궁판 등으로 구성되어 있으며 4부분의 머름 상부 일부분에 법수, 난간대, 동자주, 판재 등으로 구성된 난간이 설치되어 있다. 그리고 이 방은 단열을 위해 이중창호로 구성되어 있다.

　정면은 가운데 칸에 두짝여닫이 띠살문이 설치되어 있는데, 방문객이 아자방의 구조를 알 수 있게 통유리로 막아 놓아 편의를 제공하고 있다. 이 문의 상부에는 들창인 교살창이 설치되어 있다. 좌우 협칸의 바깥쪽에는 두짝여닫이 띠살창이 설치되어 있고, 안쪽으로는 두짝미닫이 격자살창이 설치되어 있다. 배면은 툇마루에서 주출입할 수 있도록 가운데 칸에 두짝여닫이 띠살문이 설치되어 있으며, 안쪽으로는 두짝미닫이 격자살문이 설치되어 있다. 이 문의 상부에는 바깥쪽으로 들창인 교살창이 설치되어 있으며, 안쪽으로는 들창인 격자살창이 설치되어 있다. 그리고 좌우협칸의 바깥쪽에는 두짝여닫이 띠살창이 설치되어 있고, 안쪽으로는 두짝미닫이 격자살창이 설치되어 있다. 한편 좌우측면은 창호 없이 벽면으로 되어 있다.

아자방 "亞"자 형태의 좌우 간격은 2,551㎜ 정도이며 중앙 간격은 2,762㎜ 이고 그 옆으로 벽체와 연결된 간격은 1,438㎜ 정도이다. 높이는 365㎜의 단을 구성하여 좌우측 입구쪽에 목재난간이 구성되어 있다. 아궁이 방향의 단은 고래 둑이 부분적으로 훼손되어 있으며, 단을 구성한 고래 둑이 기울어져 있다. 구들장 두께는 57~122㎜ 정도이며, 크기는 600㎜ 전후의 크고 작은 넓은 돌을 깔고 구들장 사이에 사춤돌을 끼워 메워 넣고 진흙으로 메워 바르는 거미줄치기 하여 방바닥을 형성하였다.

| 그림 33 | 아자방 선방내부 - 1

| 그림 34 | 아자방 선방내부 - 2

| 그림 35 | 아자방 선방내부 - 3

| 그림 36 | 아자방 선방내부 - 4

| 그림 37 | 아자방 장판 및 형틀 해체

| 그림 38 | 아자방 상부 구들 해체

| 그림 39 | 아자방 상부구들 해체(굴뚝방향)

| 그림 40 | 아자방 상부구들 해체 (아궁이방향)

| 그림 41 | 아자방 바닥 구들 해체 - 1

| 그림 42 | 아자방 바닥 구들 해체 - 2

'千年의 秘密' 아자방 온돌

| 그림 43 | 아자방 해체 구들 보관

| 그림 44 | 아자방 해체 창호 및 목재 보관

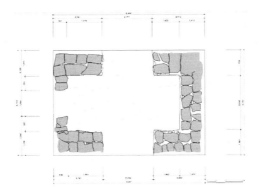

| 그림 45 | 아자방 구들 평면도(좌 : 아궁이 방향, 우 : 굴뚝 방향)

| 그림 46 | 아자방 구들 해체 후 고래 굴뚝방향

| 그림 47 | 아자방 구들 해체 후 고래 아궁이 방향

| 그림 48 | 아자방 고래 해체 현황

'千年의 秘密' 아자방 온돌

| 그림 49 | 아자방 고래 해체 트렌치 현황

아자방 고래 해체는 2016년 8월 7일부터 8월 10일간 시행하였으
며, 구들 해체 후 고래를 실측 조사한 결과 줄고래의 형태를 취하고
있다. 고래 둑은 8조가 설치되어 있다. 아궁이 입구의 불맞이 돌 좌·
우측으로는 한 개씩 허튼 고래형식으로 형성하고 255㎜ 정도 띄워
고래 둑을 굴뚝 방향으로 길게 설치되어 있다.

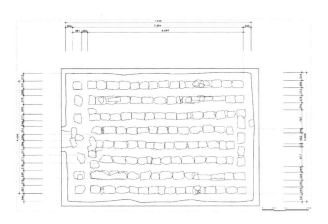

| 그림 50 | 아자방 고래 평면도(좌 : 아궁이 방향, 우 : 굴뚝 방향)

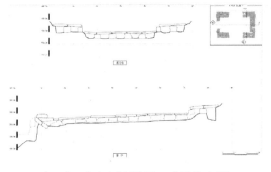

| 그림 51 | 아자방 구들 및 고래 종·횡단면도

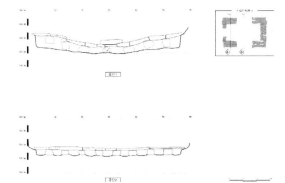

| 그림 52 | 아자방 구들 및 고래 종단면도

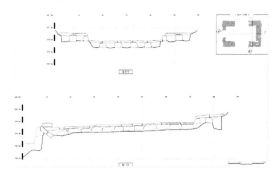

| 그림 53 | 아자방 구들 및 고래 종·횡단면도

'千年의 秘密' 아자방 온돌

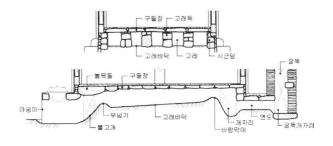

| 그림 54 | 일반구들의 구조(자료 : 문화재표준시방서)

　아자방 내부 전체 길이는 7,930㎜에 너비 4,700㎜ 정도이며, 시근
담과 고래 둑의 간격은 304~344㎜ 정도 이격 시켜 고래 둑이 설치
되었다. 내부 고래 둑간의 간격은 255~399㎜ 정도이며, 고래 둑 폭
은 304~379㎜ 정도이고, 높이는 206~270㎜의 범위로 조사되었다.
아자방의 고래바닥 및 구들구조는 중앙을 경사지게 형성하고 "亞"자
형태의 각모서리 부분에는 한단 높게 고래바닥을 구성하고 고래 둑
이 조성되어 있다.

　개자리는 굴뚝방향 벽면 330㎜ 정도에서 형성되어있으며, 개자리
폭은 300~400㎜, 깊이는 300㎜ 정도로 형성하였으며, 고래 바닥 경
사는 3.4%의 경사를 이루며, 상부 구들장 상단면의 경사는 고래바
닥 경사와 비슷한 3.5% 정도이며, 그 위에 부토 등으로 수평마감되
었다.

　2017년 3월 28일부터 4월 3일간 가설비계 자재운반 및 가설비계
설치 및 펜스 설치 후 4월 4일부터 4월 15일간 지붕 기와해체를 시
행하였다.

2017년 4월 22일부터 4월 29일간 아자방 벽체 및 화방벽 해체를 위해 건물의 변형을 방지하기 위해서 가새를 설치하고 창호, 벽체, 굴뚝, 툇마루를 해체하였다.

벽체 및 창호 해체 전에 충분하게 가새를 설치하여 구조의 변형이 발생하지 않도록 보강조치 후 창호 및 벽체를 해체하여 각 번호를 부여하여 부재 보관 장소에 창호를 보관하였다.

배면 툇마루를 해체하고 기단 강회다짐 등 구조물을 철거하여 트렌치를 넣어 실굴조사가 용이하도록 구조적 보강을 위해서 드잡이 공사가 선행되었다. 드잡이 공사와 기단, 기단기초 및 굴뚝기초 철거와 판벽 등 목구조 부재를 제외한 벽체 및 부엌, 아궁이 등 전반적인 해체공사를 2017년 5월 22일부터 7월 13일까지 완료하였다.

5. 발굴 조사

조사개요

(1) 조사명
○ 하동 칠불사 아자방지 발굴조사

(2) 허가번호
○ 2016 - 828호

(3) 발굴조사목적

○ 하동 칠불사 아자방지 구들과 아궁이의 복원·정비계획 수립을 위한 매장문화재 정밀발굴조사

(4) 조사경위

○ 경상남도 하동군 화개면 범왕리 칠불사 내에 있는 아자방은 신라 효공왕(897~912년) 때 담공선사가 특이한 공법으로 길이 약 8m의 이중온돌방을 만들었는데, 그 방 모양이 아(亞)자와 같아 '아자방'이라 하였다고 전함.

○ 1830년(순조 30년) 칠불사 화재 때 아자방도 함께 소실되었는데, 1832년(순조 32년) 금담선사(金潭禪師)와 대은선사(大隱禪師)의 노력으로 5년 만에 사찰의 모든 건물과 함께 아자방도 중건되었다고 함.

○ 1907년(순종 1년) 의병 봉기 때 퇴락하였던 건물들을 화상 서기룡(徐起龍)이 중수하였으나, 1951년 지리산 전투의 참화로 소실되어 아자방 구들만 남게 됨.

○ 1976년 12월 20일 경상남도 유형문화재 제144호로 지정됨.

○ 1981~1983년 아자방지 복원을 위한 사전 해체·조사 과정을 거쳐 구들과 아궁이를 복원하였으나 해체·조사 과정에 대한 기록이 미비하여 복원 이전의 아자방 구들과 아궁이에 대한 형태와 구조를 알기 어려운 실정임.

○ 2016년 '칠불사 아자방 구들 해체 보수공사' 진행 중에 아궁이의 앞부분에서 1981년 해체 과정에서 확인하지 못했던 아궁이 관련 구조물과 소결된 부분이 발견되어 이에 대한 사전 발굴(시굴)조사의 필요성이 제기됨.

○ 이에 시굴조사(2016년 2월 15일~3월 30일 : 6일간)와 발굴조사(2016년 6월 20일~8월 8일 : 15일간)를 실시하여 고려~조선시대의 아궁이와 건물지, 귀목문 암·수막새, 청자편, 분청사기편 등 아자방 관련 유구와 유물을 확인함.

○ 이어 2016년 8월 2일 개최된 학술자문회의 결과 아자방 바깥쪽으로 연장되는 건물지와 굴뚝 등 관련 유구에 대한 추가 발굴조사를 실시하고, 그 결과에 따라 아자방을 복원·정비해야 한다는 의견이 제시됨.

○ 이에 아자방 바깥쪽으로 발굴조사 구역을 확대·조사하여 아자방의 대지조성 그리고 굴뚝, 구들과 보조아궁이의 규모와 구조 등에 대한 자료를 확보하고 향후 아자방의 복원·정비 계획을 수립하는데 필요한 기초자료를 제공하고자 함.

(5) 조사지역 및 범위

○ 조사지역 : 경상남도 하동군 화개면 범왕리 1605번지

○ 조사면적 : 233.82㎡(변경전 115.2㎡, 추가 = 118.62㎡)

(6) 조사기간

○ 2016.06.20. ~ 2017.07.20. (실조사 일수 36일간)

(7) 조사의뢰기관

○ 하동군

⑻ **조사기관**

  ○ (재)극동문화재연구원

⑼ **조사단 구성**

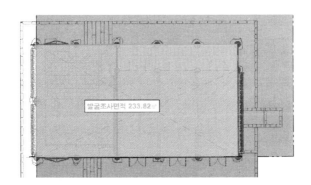

| 그림 55 | 아자방지 발굴조사 범위도

발굴조사 내용

  칠불사 아자방지는 현재 경상남도 유형문화재 제144호로 지정
되어 관리되고 있으며, 발굴조사 전 아자방의 모습은 1982년과
1983년에 복원된 것으로 최근까지 이용되었다. 이번 아자방지에 대
한 조사는 아자방지의 구들과 아궁이의 복원·정비에 필요한 기초자
료 확보를 위한 정밀발굴조사로, 그 결과 고려시대에 조성된 것으로
추정되는 건물지와 고려시대 건물지 폐기 이후 조선시대에 중건된
것으로 추징되는 아사방과 관련 건물지를 확인하였다. 이하 아자방
지에 대한 정밀발굴조사 결과를 정리하면 다음과 같다.

⑴ 고려시대 건물지

고려시대 건물지는 현재 아자방 부분(상단)과 부엌 부분(하단)으로 약 1.6m 정도 단을 이루면서 조성되어 있다. 상단과 하단의 경계에는 50~100㎝ 내외의 대형 할석을 쌓아 축대를 조성하였는데, 이후 조선시대 아자방지가 조성되면서 일부 훼손되었다.

상단에는 적심 2기와 수혈 1기, 적석시설이 확인되었다. 적심은 남북 열상으로 배치되어 있으며, 중심간 거리는 300㎝이고, 기반층을 30㎝ 정도 깊이로 굴착하여 구축하였다. 북쪽 적심은 규모 125×100㎝, 평면 원형을 띠며, 중앙에는 초석 기능을 한 것으로 보이는 73×70㎝ 크기의 방형 할석이 놓여 있다. 남쪽 적심은 규모 110×107㎝, 평면 원형을 띤다. 북쪽 적심 서편에는 길이 53㎝, 너비 43㎝, 깊이 40㎝의 수혈이 확인되는데, 내부에는 다량의 목탄이 혼입된 퇴적토가 매몰되어 있었다.

적석시설은 상단의 아자방 남동쪽 모서리 부근에서 길이 200㎝, 너비 114㎝로 확인된다. 시설은 약 15㎝ 정도의 얕은 수혈을 파고, 그 벽면을 따라 작은 할석을 수적하여 두른 후 그 안에 판석을 놓은 형태이다. 적석시설 내부와 단면에서 피열흔을 비롯한 시설의 사용 흔적이 확인되지 않아 명확한 용도에 대해 추정하기 어렵다.

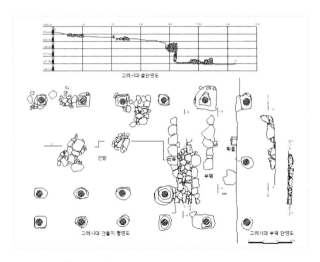

| 그림 56 | 고려시대 건물지 평면도 및 단면도

(2) 조선시대 아자방지

가. 아자방

아자방에 대한 발굴조사는 1982~1983년도에 복원된 구들과 고래 둑을 제거한 후 시작하였다. 1982~1983년도에 복원된 아자방의 구들과 고래의 조성형태를 간단히 살펴보면 다음과 같다. 비스듬히 평탄화된 대지 위에 비닐·장판을 깔고, 바닥을 강회로 다짐 처리한 다음 장방형의 할석을 이용하여 8조의 고래 둑과 9조의 고래를 만들었다. 남쪽과 북쪽 가장자리에는 고래 둑을 한단 높이 쌓아 'ㄷ'자 형태의 단을 만들었다. 고래 둑 위에 너비 50~100㎝내외의 평평한 판석을 깔아서 구들을 조성하였다. 복원된 구들 아래에서 목탄과 소토, 기와편이 소량 혼입된 암갈색 사실토층이 얇게 확인되며, 바로 아래에 자연퇴적층인 황갈색 사질토층이 확인되었다.

아자방 내부 평면조사 결과 복원된 아자방에 의해 조선시대 때 조성된 아자방의 온돌 시설은 대부분 제거되어 원형을 전혀 파악할 수 없으며, 서남쪽 가장자리 부분에 무질서하게 와적된 흔석만이 확인된다. 서남쪽 와적된 기와를 토대로 복원된 아자방 이전의 아자방 고래 둑은 기와를 쌓아 만들었던 것으로 추정할 수 있다. 현재 복원된 아자방 초석의 크기는 너비 45~92㎝, 두께 50㎝, 초석간의 간격은 2.9m이다. 하부에 콘크리트 기초를 한 다음 강회와 할석을 이용하여 적심을 만들고 그 위에 초석을 놓아 높이를 맞추었다. 동쪽 가장자리 초석렬 중 일부는 기존 아자방 초석으로 그대로 이용한 것으로 보이며, 2번 초석의 경우 본래 자리에 원형을 유지하고 있다. 그리고 서쪽 초석 사이에는 아자방 경계벽을 이루는 수적된 할석렬이 확인되고 있다.

아자방 남쪽에는 복원된 함실이 위치하고 있으며, 함실 동편에 조선시대 아자방의 구들 개자리로 추정되는 시설이 일부 확인된다. 추정 구들 개자리는 복원 함실에 의해 대부분 파괴되고 북쪽과 동쪽 벽 일부만이 남아있다. 규모는 너비 100㎝, 높이는 40㎝이고, 평면 형태는 말각 방형으로 추정된다. 개자리의 동쪽 벽면은 치석된 할석을 수적하여 축조하였고, 북쪽과 동쪽 벽면 일부는 할석과 점토를 이용하였으며, 개자리 바닥과 벽면에서 피열된 흔적이 확인된다.

아자방 외부에 대한 조사는 1982~1983년도 복원된 기단석과 콘크리트를 제거한 후 아자방 내부와 연결되는 토층 둑을 설치하여 토층양상을 파악하였고, 조선시대에 조성된 기단을 확인하여 노출하였다. 북쪽과 동쪽의 기단은 아자방 복원 당시에 대부분 파괴되었고, 서쪽에서만 조선시대 기단이 확인되었다. 조선시대 아자방 기단

| 그림 57 | 아자방 남쪽 전경

| 그림 58 | 아자방 북쪽 전경

은 북고남서, 동고서저의 지형을 이루는 기반층위에 고려시대 와편
이 다량 혼입된 층을 매립하여 가공되지 않은 자연석을 1~2단 놓은
형태로 조성하였다. 서쪽 기단과 아자방 사이의 툇마루 하부에는 초
석을 설치할 당시 콘크리트로 기초를 만들면서 상당부분 교란되었
는데, 교란된 부분을 제외한 퇴적층에서 소토와 목탄 그리고 기와가
다수 확인되었는데, 이는 1982년 복원 이전에 화재로 인해 소실된
것으로 보인다. 초석과 초석 사이에는 수키와를 열상으로 엎어둔 시
설이 확인된다.

　유물은 아자방 기단 조성을 위한 매립층과 아자방 내부에서 중호
문, 집선문, 무문 등의 평기와와 귀목문의 막새, 와선 등이 출토되었
고, 자기류로는 청자편, 백자편, 분청사기편이 출토되었다.

| 그림 59 | 아자방 동쪽 초석 2(원형) 전경

| 그림 60 | 아자방 남서쪽 와적 고래 둑잔해전경

| 그림 61 | 아자방 서쪽 초석 7(복원) 전경 서쪽 기단 내부 토층

194   '千年의 秘密' 아자방 온돌

| 그림 62 | 서쪽기단외부토층

| 그림 63 | 아자방 서쪽 초석 7(복원) 전경

| 그림 64 | 아자방 서쪽 초석 7(복원) 전경
서쪽기단내부토층

| 그림 65 | 조선시대건물지 - 1

           '千年의 秘密' 아자방 온돌

| 그림 66 | 조선시대 건물지 - 2

나. 아자방 연도 및 굴뚝

아자방 내에서 본 복원 연도시설   외부에서 본 복원된 연도시설

아자방 내에서 본 북서쪽 추정 연도   외부에서 본 북서쪽 추정 연도

외부에서 본 북동쪽 추정 연도 1   외부에서 본 북동쪽 추정 연도 2

굴뚝 개자리 토층   아자방 굴뚝 개자리 전경

| 그림 67 | 아자방지 연도 및 굴뚝

     '千年의 秘密' 아자방 온돌

아자방 연도와 굴뚝은 1982~1983년도 복원 당시 이미 대부분 파괴되었기 때문에 아자방 외부에서 뚜렷한 시설을 확인할 수 없었다.

연도는 아자방 내부에서 일부 흔적을 찾을 수 있는데, 북서쪽 모서리에서 20~60㎝ 크기의 할석 2매가 초석과 약 75㎝ 간격으로 세워져 있고, 그 사이에 기와가 깔려져있으며, 기와 위에는 목탄이 다량으로 포함된 퇴적토가 채워져 있다. 그리고 북동쪽 모서리에서는 기와가 확인되지 않지만, 40~50㎝크기의 할석 2매가 세워져있고, 할석 사이에서 목탄과 소토가 확인된다.

굴뚝이 위치하고 있었던 지점은 복원 당시에 대부분 파괴되고 굴뚝이 있었던 곳에 목탄이 다량 혼입된 매몰토가 매립된 말각방형의 얕은 수혈이 확인된다. 수혈은 길이와 너비가 약 1m 정도이고, U자상의 단면을 보이며, 잔존깊이는 약 20㎝이다. 이는 굴뚝 개자리의 흔적으로 보이며, 현재 확인된 북서쪽 모서리의 연도와 굴뚝 개자리의 높이차는 50㎝이다. 연도가 위치하는 각 모서리 부근에서 개자리의 흔적이 확인되는 않는 것으로 보아 복수의 굴뚝이 있었던 것이 아니라고 판단된다.

유물은 북서쪽 모서리 연도에서 조선시대 중호문과 무문 등의 기와편이 다수 확인되었다.

다. 아자방 부엌

부엌은 고려시대 건물지 폐기 후 붕적된 기와층을 정지하여 조성된 것으로 파악되었다. 고려시대 건물지 축대를 일부 그대로 이용하면서, 고려시대 축대위에 50㎝ 정도 새보이 축대를 쌓았다. 아궁이 주변부의 축대는 아자방 복원 당시 대부분 파괴되었다.

| 그림 68 | 아궁이(연소실) 토층

| 그림 69 | 2차 아궁이 전경

| 그림 70 | 2차 아궁이 개보수 세부전경

'千年의 秘密' 아자방 온돌

부엌에는 주아궁이와 보조아궁이가 확인되며, 주아궁이 앞쪽에는 성토하여 부엌 바닥을 조성하였다. 부엌 바닥면은 모두 다져진 생활면으로써 3면이 확인된다.

주아궁이 및 부뚜막 시설은 고려시대 건물지 남쪽 석렬을 아궁이 입구시설로 이용하였고, 고려시대 축대를 일부 개·보수하여 아궁이 부넘기로 사용하였다. 아궁이는 두 차례에 걸쳐 개·보수된 것으로 파악되는데, 1차 및 2차 아궁이는 바닥과 벽면에 점토를 덧바르는 형태로 각각 두 차례 개보수 하였는데, 바닥면은 점차 높아지면서 길이는 짧아진 것으로 확인되었다. 1차 아궁이의 규모는 길이 200㎝, 최대 너비 136㎝, 최대 잔존 높이 50㎝이며, 2차 아궁이의 규모는 길이 140㎝, 최대너비 136㎝이다.

1차 아궁이 전경	1차 아궁이 개보수 세부전경
보조아궁이(부넘기) 전경	보조아궁이(부넘기) 세부 전경
보조아궁이 계단 및 초석전경	아자방 부엌 서쪽 토층

| 그림 71 | 아자방지 부엌 아궁이

보조아궁이는 주아궁이 서편에 약 50㎝ 정도 높게 조성되어 있다. 고려시대 건물지의 축대와 고려시대 축대 위에 새로이 조성된 조선시대 축대를 이용하여 조성되었다. 보조아궁이 연소실은 모두 파괴되었고, 부넘기만 확인된다. 규모는 잔존길이 85㎝, 잔존높이 80㎝, 아궁이 바닥에서 부넘기의 높이는 50㎝이다.

주아궁이 서쪽에는 초석과 계단이 확인된다. 초석은 아궁이에서 서쪽으로 1.1m 정도 떨어져 있다. 고려시대 건물지 상부에 퇴적된 기와층을 정지하여 소형 할석을 깔고 그 위에 길이 115㎝, 너비

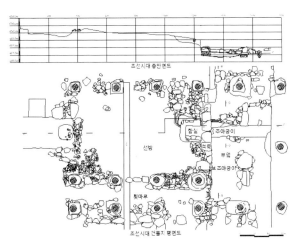

| 그림 72 | 조선시대 건물지 평면도 및 단면도

110cm, 두께 70cm인 평면 원형에 가까운 대형 할석을 초석으로 올려
놓았다. 초석 서편에 연접하여 3단으로 이루어진 계단이 확인된다.
계단은 고려시대 건물지 상부에 퇴적된 기와층을 비스듬히 정지하
여 길이 90cm, 너비 40cm, 두께 27cm의 치석한 세장한 할석을 단상으
로 2단 놓고 그 위에 길이 60cm의 소형 할석을 단상으로 놓았다. 계
단은 부엌 서쪽 외곽에서 보조아궁이로 올라가는 시설로 추정된다.

유물은 아궁이 내부에서 고려시대 집선문, 중호문 등의 기와편이
확인되었다.

조사결과

칠불사 아자방지에 대한 정밀발굴조사 결과 고려시대에 조성된
건물지와 그 위에 새로이 조선시대(1832년 : 순조 32년)에 중건된 것으로 추
정되는 아사방과 관련된 건물지 일부가 남아있는 것을 확인하였다.

고려시대 건물지는 현재 아자방 부분(상단)과 부엌 부분(하단)으로

약 1.6m 정도 단을 이루면서 조성되어있다. 상단에는 적심 2기와 수혈 1기, 적석시설이 확인되었고, 하단에는 축대 남쪽으로 연접하여 박석과 2조의 기단석렬, 방형의 확돌 및 생활면이 확인되었다.

조선시대에 중건된 것으로 추정되는 아자방은 1980년대 아자방 구들 복원과정에서 구들과 고래 둑, 연도, 굴뚝은 대부분 제거된 상태로 확인되었다. 아자방 북쪽 외곽에서 굴뚝 개자리 흔적, 서쪽 외곽에는 기단석렬이 남아있다. 아자방 남서쪽 벽체하부에서 기와로 겹겹이 쌓아 만든 고래 둑 흔적이 확인되었고, 북서쪽과 북동쪽 모서리에서는 연도로 추정되는 시설이 확인되었다. 복원된 함실 동편에서 구들 개자리로 추정되는 시설이 일부 확인되었다.

부엌쪽에서는 주아궁이와 보조아궁이, 초석과 계단이 확인되었다. 아궁이는 고려시대 건물지의 축대를 이용하여 조성되어 있으며, 이중 보조아궁이는 1980년대 복원·정비 시 대부분 제거되고, 부넘기만 남아있다. 주아궁이는 두 차례에 걸쳐 바닥과 벽면을 점토 등을 덧발라 개·보수하여 사용한 것으로 파악되었다.

주아궁이 서쪽에는 초석과 계단이 확인된다. 초석은 주아궁이에서 서쪽으로 1.1m 정도 떨어져 있고, 초석 서편에 연접하여 3단으로 이루어진 계단이 확인된다. 계단은 부엌 서쪽 외곽에서 보조아궁이로 올라가는 시설로 추정된다.

유물은 아자방 내 북서쪽 모서리 추정 연도 주변, 아자방 기단 조성을 위한 매립층과 고려시대 건물지 상부 퇴적층, 조선시대 주아궁이에서 고려시대 복합문 평기와와 귀목문의 암막새, 수막새, 와전, 조선시대 중호문, 집선문, 무문 등의 평기와편이 출토되었고, 자기류로는 청자편, 백자편, 분청사기편이 출토되었다.

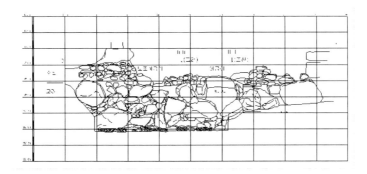

| 그림 73 | 고려·조선 입단면도(부엌→선방)

발굴조사 조사단 의견서

금회 발굴조사지역은 경상남도 하동군 화개면 범왕리 1605번지
에 위치하는 칠불사 아자방이며, 조사면적은 233.82㎡이다. 아자방
은 신라 효공왕(재위 897~912년) 때 담공선사가 특이한 공법으로 길이
약 8m의 이중온돌방을 축조하였는데, 그 방 모양이 아(亞)자와 같아
아자방이라 하였다고 전하고 있다. 1976년에는 아자방지가 경상남
도 유형문화재 제144호로 지정되고, 1981~1982년에 걸쳐 아자방지
복원을 위한 사전 해체·수리 과정을 거쳐 최근까지 이용되어 왔다.

1982년 아자방 복원공사 시 구들과 아궁이의 해체 과정에서 큰
함실이 있는 아궁이와 한쪽 끝에 외줄고래용의 아궁이 흔적이 발견
되었다고 한다. 그리고 아궁이에서 회굴 쪽으로 종경사는 급한 경사
각도를 가지고 있는 것으로 파악되었다. 이때 아자방 구들도 복원되
었는데, 해체·수리 당시 아궁이 부분이 모두 파괴되어 흔적을 찾기
어려웠고 지상 건물 또한 전부 소실되었기 때문에 원래의 구조로 복
원하지 못하였다고 한다.

이에 칠불사 아자방의 복원·정비 계획을 수립하는데 필요한 기초 자료를 제공하고자 이번 정밀발굴조사를 실시하였는데, 그 결과 고려시대에 조성된 것으로 추정되는 건물지와 조선시대(1832년 : 순조 32년)에 중건된 것으로 추정되는 아자방과 관련된 건물지 일부가 남아있는 것을 확인하였다.

고려시대 건물지는 상단과 하단으로 약 1.6m 정도 단을 이루면서 조성되어있다. 상단에는 적심 2기와 수혈 1기, 적석시설이 확인되었고, 하단에는 축대 남쪽으로 연접하여 박석과 2열의 기단석렬, 방형의 확돌 및 생활면이 확인되었다.

조선시대에 중건된 것으로 추정되는 아자방은 1980년대 진행된 아자방 구들 복원과정에서 구들과 고래 둑, 연도, 굴뚝은 대부분 제거된 상태로 확인되었다. 아자방 북쪽 외곽에서 굴뚝 개자리 흔적, 서쪽 외곽에는 기단석렬이 남아있다. 아자방 남서쪽 벽체하부에서 기와로 겹겹이 쌓아 만든 고래 둑 흔적이 확인되었고, 북서쪽과 북동쪽 벽체 하부에서는 연도로 추정되는 시설이 확인되었다. 복원된 함실 동편에서 구들 개자리로 추정되는 시설이 일부 확인되었다.

부엌쪽에서는 주아궁이와 보조아궁이, 초석과 계단이 확인되었다. 아궁이는 고려시대 건물지의 축대를 이용하여 조성되어 있으며, 이중 보조아궁이는 1980년대 복원·정비 시 대부분 제거되고, 부넘기만 남아있다. 주아궁이는 두 차례에 걸쳐 바닥과 벽면을 점토 등을 덧발라 개·보수하여 사용한 것으로 파악되었다.

주아궁이 서쪽에는 초석과 계단이 확인된다. 초석은 주아궁이에서 서쪽으로 1.1m 정도 떨어져 있고, 초석 서편에 연접하여 3단으로 이루어진 계단이 확인된다. 계단은 부엌 서쪽 외곽에서 보조아궁이로 올라가는 시설로 추정된다.

  유물은 아자방 내 북서쪽 모서리 추정 연도 주변, 아자방 기단 조성을 위한 매립층과 고려시대 건물지 상부 퇴적층, 조선시대 주아궁이에서 고려시대 복합문 평기와와 귀목문 암막새, 수막새, 와전, 조선시대 중호문, 집선문, 무문 등의 평기와편이 출토되었고, 자기류로는 청자편, 분청사기편, 백자편이 출토되었다.

6. 관련 수리자료 분석

1982년 조사자료

  1981~1983년 아자방지 복원을 위한 사전 해체·조사 과정을 거쳐 구들과 아궁이와 건물을 기존 잔존 유구 초석과 석력을 이용하여 복원되었다. 다음 사진과 같이 잔존석축 및 초석을 확인할 수 있다.

| 그림 74 | 아자방지 1982년 잔존 유구 현황

| 그림 75 | 아자방지 1982년 전면 석축 및 초석 현황

아자방 아궁이 형태는 초창 당시의 유구로 확정할 수 없으나 1980년대 복원 당시 기초조사를 통해 주아궁이와 보조아궁이로 구성되었던 것을 확인 할 수 있다. 주아궁이는 부엌 구들 중앙에 위치하고 보조아궁이는 툇마루방향으로 주아궁이와 1.1m 정도 이격하여 배치되어 있으며, 아궁이 함실은 전면으로 2,800㎜ 정도 내밀고 좌·우 폭은 주아궁이가 720㎜ 정도이며, 보조아궁이의 함실폭은 600㎜ 정도로 석렬이 조사되었다.

| 그림 76 | 아자방지 1981년 부엌 아궁이 잔존 현황(좌 : 보조아궁이, 우 : 주아궁이)

'千年의 秘密' 아자방 온돌

| 그림 77 | 아자방지 부엌 아궁이 트렌치 조사(좌 : 보조아궁이, 우 : 주아궁이)

| 그림 78 | 아자방지 주아궁이 입면 현황

| 그림 79 | 아자방지 주아궁이 입면 현황 상세

| 그림 80 | 아자방지 주아궁이 고래 입구 현황

아자방지 상부 부토제거 후 구들 실측조사 평면도에 나타난 보조
아궁이 및 주아궁이 부분과 단면 - 1(추정 보조아궁이) 부분을 트렌치
조사 실측도면은 다음과 같다.

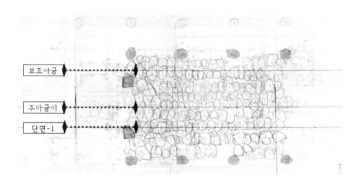

| 그림 81 | 아자방지 1982년 구들조사 평면도(실측야장)

'千年의 秘密' 아자방 온돌

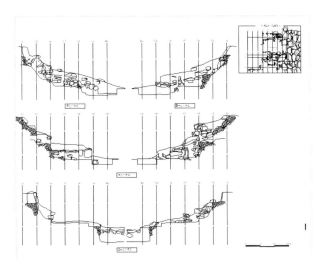

| 그림 82 | 아자방지 부엌 아궁이 부분 단면도

　온돌 구조의 아궁이는 생활유적으로 지속적으로 개보수를 통해 유지되는 특성을 갖는다. 아자방의 아궁이 형태는 발굴조사에서 확인 된 자료와 같이 고려시대 석축을 이용하여 조선시대 중창된 것으로 판단되며 아궁이 함실의 형태는 가마형태로 추정하고 있으나 정확한 자료를 입증하기는 어려운 실정이다.

　칠불사 경내 주변 건물로 주지실 기단 사진 자료를 검토한 결과 기단에 함실아궁이를 조성하고 상부를 기단상부면과 같이 마감한 함실아궁이와 유사한 형태로 아자방지의 아궁이 형태는 함실 좌우 측면의 석렬과 상부는 열의 손실을 방지하기 위해 복토 등을 이용하여 가마형태를 조성하고 연소 여부를 확인할 수 있는 개구부를 설치하였을 것으로 추정하고 있다.

| 그림 83 | 칠불사 주지실 전면 기단 함실 모습 - 1

| 그림 84 | 칠불사 주지실 전면 기단 함실 모습 - 2

| 그림 85 | 주지실 기단 함실 상세 - 1

| 그림 86 | 주지실 기단 함실 상세 - 2

| 그림 87 | 아자방 고래 형태 및 구들 현황

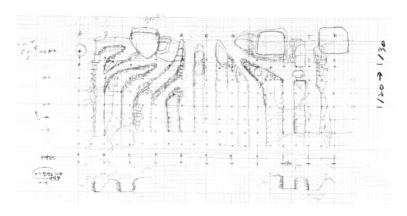

| 그림 88 | 아자방 고래 실측조사 도면

아자방 복원 구들 해체 현황 - 1　　　　　아자방 복원 구들 해체 현황 - 2

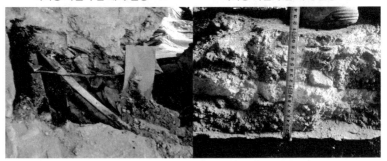

아자방 복원 구들 해체 현황 - 3　　　　　아자방 복원 고래바닥 복토현황

| 그림 89 |

　　　　　　　　　　　　　　　　　'千年의 秘密' 아자방 온돌

복원 당시 구들 및 아궁이 조사 후 고래바닥 상부에 비닐장판류를 깔고 200㎜ 정도 복토하여 구들 고래를 설치하였다. 아궁이쪽 구들은 아(亞) 형태의 상단부와 하단부에 구들장을 상하로 놓고 그 사이에는 철망을 깔고 잡석과 자갈, 복토, 철재 등으로 보강하고 높이를 조정하였다.

복원 전 조사된 자료를 분석하면 아(亞)자 형태를 구성한 탄화된 목부재 유구가 조사되었다. 구들장 상부 와편으로 펴깔고 상부에 부토로 평탄하게 구성하였다. 고래 둑은 암기와를 적층으로 쌓아 형성되어 있다.

고래바닥 높이는 아(亞)자 형태이며 좌우측면의 고래바닥은 중앙 고래바닥 높이 보다 180㎜~330㎜ 정도 높게 구성되어 있다. 아(亞)자 부분의 고래는 2줄로 형성되어 있는데 외부측으로 높이가 더 높게 조성되어 있으며 내부측 고래 바닥은 180㎜~200㎜ 정도이며, 외부측은 200㎜~330㎜ 정도로 단으로 형성되어 있다.

| 그림 90 | 복원 전 凸자 탄화목재 및 와편

| 그림 91 | 복원 전 고래 둑 현황

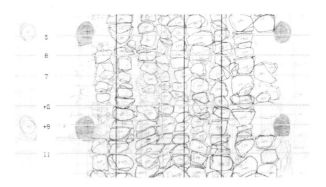

| 그림 92 | 복원 전 고래 둑 단면 조사 위치도

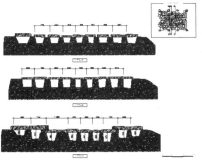

복원 전 고래 둑 단면도 - 1

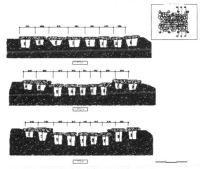

복원 전 고래 둑 단면도 - 2

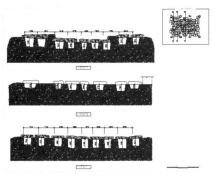

복원 전 고래 둑 단면도 - 3

| 그림 93 | 복원 전 고래 둑 단면도

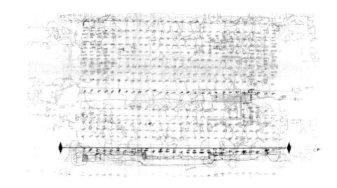

| 그림 94 | 복원 전 고래 바닥 조사 위치도

| 그림 95 | 복원 전 고래 바닥 횡단면

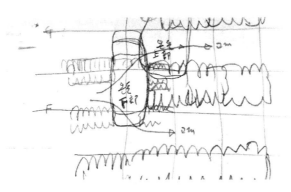

| 그림 96 | 고래 연결 모식도

아(亞)자 부분의 횡단면도를 살펴보면 아궁이 쪽에서 고래바닥 단차는 뒤쪽과 43㎜ 정도 차이가 난다. 배면 아(亞)자 부분은 뒤쪽과 91㎜ 경사를 구성하고 개자리와 91㎜ 정도 단차를 구성하고 있다. 중앙부는 전면 아(亞)자 둑보다 170㎜ 낮게 구성하고 배면쪽으로

36㎜ 정도 높게 경사를 이루고 있다. 아궁이 쪽 아(亞)자 고래 바닥과 배면 개자리 바닥높이 차는 97㎜ 정도 고저차를 갖는 것으로 조사되었다.

아자방지의 고래 개자리는 좌우로 양분되어 있으며, 연도는 2개로 구성하여 각각 배연되도록 구성하고 있다.

중앙부의 고래는 배면 아(亞)자 형태로 구성된 부분에서 양쪽으로 나누어 두 개의 고래가 조성되어 개자리와 연결하고 연도로 배연되도록 구성되어 있었다.

복원 시 연도는 두 개로 구성하였다가 다시 한 개의 연도로 재시공되었던 것으로 조사되었다. 또한 굴뚝 역시 복원시 낮은 방형의 형태를 화방벽으로 변경하면서 연도를 기단 외부로 연장하고 굴뚝을 높게 구성하였다.

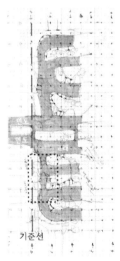

| 그림 97 | 고래 개자리 모식도 | 그림 98 | 고래 개자리 및 연도 분석사진

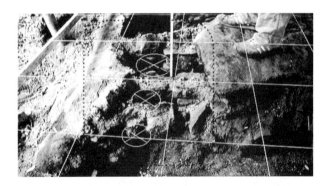

| 그림 99 | 고래 개자리 현황 사진 분석

| 그림 100 | 1982년 2개 연도 복원

| 그림 101 | 2016년 1개 연도

'千年의 秘密' 아자방 온돌

| 그림 102 | 고래 연도 분석사진

　1982년 복원 전 두 개의 연도가 조사되어 복원 시 2개로 구성하였
으나 굴뚝 변경 시 연도를 연장하면서 다시 1개로 변경되었던 것으
로 조사되었다. 2016년 구들 해체 시에 확인되었다.

　1982년 복원 시 굴뚝은 와편과 잡석으로 구성되었든 것으로 조사
되었으며, 위치는 기단 상부에 조성하고 연통은 암기와 및 판석으로
원형으로 구성되었다.

| 그림 103 | 1982년 굴뚝 현황 - 1

| 그림 104 | 1982년 굴뚝 현황 - 2

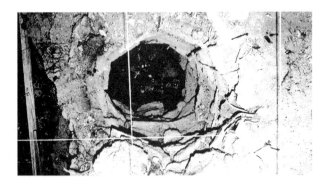

| 그림 105 | 1982년 굴뚝 연통 내부 현황

'千年의 秘密' 아자방 온돌

| 그림 106 | 1982년 굴뚝 기단상부 현황

| 그림 107 | 1982년 11월 굴뚝 현황

| 그림 108 | 1982년 11월 굴뚝 상세

제4장 지리산 칠불사 아자방 구들의 해체와 복원　　　　223

| 그림 109 | 1983년 6월 연도 및 굴뚝 현황

| 그림 110 | 1983년 6월 연도 및 굴뚝

'千年의 秘密' 아자방 온돌

| 그림 111 | 1982년 연도 및 굴뚝 실측조사도

유사 사례

아자방지와 유사한 구들형태가 조사된 회암사지는 4단지 "가",
"라", "사" 등의 건물지에서 고래 형태가 조사되었으며, 그 중 "사" 건
물지 사례로 양쪽으로 두 개의 아궁이를 설치하여 각 두줄고래로 구
성하고 방과 방사이를 암거형태로 고래를 통과하여 방과 방을 연결
시킨 형태이다. 이는 아자방의 아(亞)자 형태의 고래와 유사한 사례
이다. 회암사지는 문헌기록에 의하면 고려 중기 이전에 창건되었던
것으로 추정하며 건물지에 조성된 구들은 조선시대의 것으로 추정
하고 있다.

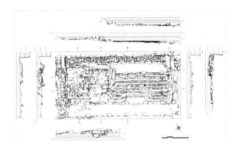

| 그림 112 | 회암사지 4단지 '가' 건물지 평면도 및 단면도

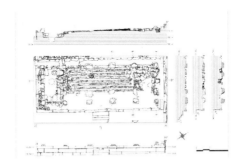

| 그림 113 | 회암사지 4단지 '라' 건물지 평면도 및 단면도

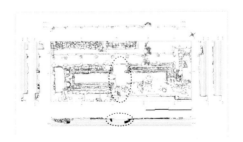

| 그림 114 | 회암사지 4단지 '사' 건물지 평면도 및 단면도

아자방지의 고려시대 아궁이부분 석렬 전면에 박석 설치가 확인되었는데 박석 관련한 회암사지 유구들을 살펴보면 세 가지로 정리된다. 진입로 바닥과 배수로 바닥에 사용된 사례와 아궁이 바닥에 박석이 설치된 사례로 회암사지의 3단지 "차" 건물지에서 확인되었다.

'千年의 秘密' 아자방 온돌

| 그림 115 | 회암사지 3단지 '차' 건물지 아궁이 현황

소결

정밀발굴조사 결과 고려시대 초기에 조성된 방형의 확돌과 이후 석렬과 박석을 설치한 생활면의 건물지로 구분되며, 그 위에 새로이 조선시대(순조 32년)에 중건된 것으로 추정되는 건물지 일부가 남아 있는 것을 확인하였다.

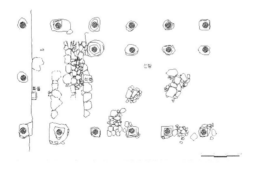

| 그림 116 | 고려시대 발굴조사 평면도

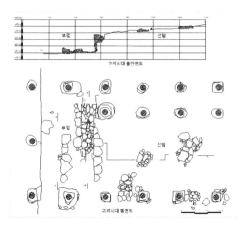

| 그림 117 | 고려시대 초기 아궁이 추정 평면도

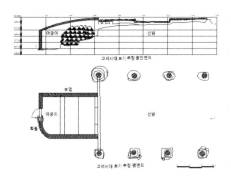

| 그림 118 | 고려시대 초기 아궁이 추정 평면도

　　고려시대 건물지는 두시기로 나누어지는데 초기에 조성된 아자방의 아궁이는 그림 117과 같이 확돌이 조사된 부분이 가마 통구의 초석으로 이용되었던 것으로 추정되며 아궁이 내부에 화목을 적재하기 위한 출구는 측면에 별도로 구성하여 화목을 적재하고 개구부를 밀봉한 이후 통구를 통해 화기를 조절하였을 것으로 추정한다. 아자방 부분(상단)과 부엌 부분(하단)으로 약 1.6m 정도 단을 조성하여 조

'千年의 秘密' 아자방 온돌

성되어있다.

이후 그림 119 과 같이 초기의 아궁이가 변형되어 하단 축대 남쪽으로 연접하여 박석과 2조의 석렬이 조사되었는데 이는 가마형태의 아궁이 내부 시설로 판단되나 조사된 자료의 부족으로 그 형태 및 규모를 추정하기 위해서는 향후 지속적인 자료 분석과 연구가 필요하다.

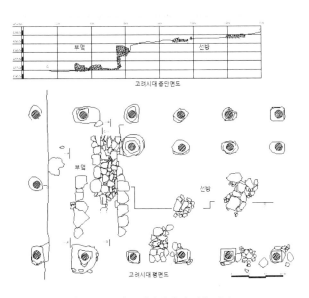

| 그림 119 | 고려시대 초기 이후 평면도

조선시대에 중건된 것으로 추정되는 아자방의 구들 및 아궁이는 1980년대 복원과정에서 구들과 고래 둑, 연도, 굴뚝은 대부분 제거된 것으로 확인되었으며, 굴뚝 및 구들 개자리 흔적과 연도로 추정되는 시설이 확인되었다. 일부 기난석렬 및 기와로 겹겹이 쌓아 만든 고래 둑 흔적이 그림 120 같이 조사되었다. 부엌내부에서 주아궁

| 그림 120 | 조선시대 발굴조사 평면도
그림 121은 고려시대 유구와 조선시대의 발굴조사 유구를 정리 비교하였다

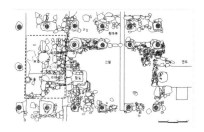

| 그림 121 | 고려·조선시대 발굴조사 평면도(점선 : 고려시대 유적)

이와 보조아궁이, 초석과 계단이 확인되었다.

　조선시대 아궁이 형태는 아래 그림 120과 같이 고려시대 건물지의 축대를 이용하여 조성되어 있으며, 주아궁이 서쪽에 확인되는 초석과 계단 그리고 박석은 조선시대 이전에 다른 시설로 이용된 것으로 추정되며 계단 및 초석의 석렬이 조선시대 함실 석렬과 일치하는 것을 확인 할 수 있다.

　현재 1980년대 복원된 함실은 복원 전 실측조사 자료에서 확인된 바와 같이 석축 외부(부엌방향) 석렬 부분이 함실로 추정되며 아궁이는 확돌 부분까지 구성한 가마형태로 조성하여 많은 화목을 적치하여 오랜 시간 지속적으로 연소시키고 보조아궁이는 주아궁이의

　　　　　　　　　'千年의 秘密' 아자방 온돌

많은 화목을 연소시키기 위해 먼저 불을 지펴 시근담 고래 내부의 열기가 연도를 통해 주아궁이의 열기를 유도한 것으로 판단된다. 당초 낮은 굴뚝은 고래 내부에 열기가 1차적으로 연도를 데우고 연도를 통해 배연을 먼저 하

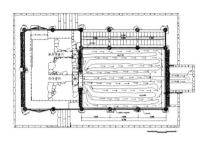

| 그림 122 | 아자방지 조선시대 추정 복원도

(사진 자료는 81년도 현황 사진으로 당시 문화재관리국
담당감독관인 현(재)경남문화재돌봄사업단
대표이사 변철수 개인소장 자료를 제공 받았음)

도록 하여 2차적으로 주아궁이의 열기를 연도로 유도한 것으로 판단된다. 당초 낮은 굴뚝은 고래 내부에 열기가 오래 머물 수 있도록 고래바닥을 굴곡으로 단을 조성하여 서서히 열기가 배출되도록 하고, 암기와를 적치한 와적의 고래 둑은 고래의 화기와 연기가 고래 둑을 통해 고래와 고래사이 대류현상 등으로 열기가 전달되면서 전체적으로 구들이 고르게 데워지도록 한 것으로 판단된다. 또한 와적의 고래 둑은 잠열이 체류할 수 있는 공극을 조성하여 긴 시간동안 열기를 보유한 것으로 보여 진다.

상기의 자료를 토대로 그림 122의 추정복원도면은 기존의 1980년대 실측조사 자료와 정밀발굴조사 자료를 정리하여 조선시대 주아궁이와 보조아궁이 함실, 고래, 연도를 정리하였으나, 가마 형태의 아궁이 입단면 규모, 굴뚝 규모 등 복원에 관한 시대기준을 선정하여 진행 중인 복원공사에 반영되어야 할 것으로 판단된다.

제5장 하동 칠불사 아자방 온돌체험관의 구조와 설계 시공

1. 아자방의 개요와 온돌 체험관의 건립배경

| 그림 1 | 아자방 내외부 모습

아자방의 기본 개요

경남 하동군 칠불사에는 "아자방"이라 불리는 구들[1]이 있다. 원래는 벽안당이라고 했는데 별칭으로 아자방으로 불린다. 이 "아자방"은 지금까지 알려진 바로 우리 전통 온돌 중에서도 가장 온기를 오래 간직한다는 온돌로 알려져 있다. 신라 효공왕 때 구들도사로 불리던 담공선사가 처음 만들었다고 전해지고 구들방의 형태가 '아(亞)'자 모양으로 구들을 만들어 그렇게 불린 것인데, 스님들이 동안거 수행을 위해서 한 번 불을 때면 49일간이나 따뜻했다거나, 100일 동안이나 온기를 간직했다고 전해지고 있다. 그러나 열역학의 기본 원리를 기초로 할 때 열을 발생하는 에너지 총량과 그 생성된 열을 대류와 전도 복사로 전달하는 과정을 현대 과학을 기초로 생각해 볼 때 거의 불가능한 이야기로 여겨질 수 밖에 없다. 그러나 지은이가 온돌을 연구하고 다른나라 여러 지방의 특수한 온돌을 답사하면서 새롭게 이해하게 된 것이 있는데, 그것은 구조가 워낙 비밀스러운 구조를 가지고 있거나, 불이 오래 타는 에너지가 대단히 큰 땔감이 있었다는 얘기는 아닌 듯하다. 아마도 열역학의 기본 원칙을 거스르지 않고 숯가마처럼 불을 꺼트리지 않은 체 많은 양의 땔감을 서서히 오래 타게하면서 천천히 축열하고 천천히 발열시키는 데 그 비밀이 있음을 알게 되었다.[2] 이 칠불사 아자방 온돌이야말로 우리

1　'구들'은 순 우리말이고 '온돌'은 우리 한글이 없을 때 '구들'을 글로 쓰기 위해 한자로 표기한 역시 순 우리말이다. 그래서 온돌과 구들은 동의어이다. 중국어로는, 溫突 혹은 溫堗 이라 쓰지 않고 캉(Kang, 炕)이라는 중국글을 쓴다. 본고에서는 온돌과 구들을 편하게 중복해서 같은 의미로 사용하였다.

2　중국 농촌에서는 아직도 왕겨를 연료로하여 함실을 지하실에 두고 많은 양의 왕겨를 지하 함실에 채워두고 한 달 내내 타들어 가게 하는 구들이 있다. 불의 특성상 발화온도가 유지되

선조가 남겨준, 21세기인 오늘날에도 가장 효율적인 그래서 가장 과학적인 난방법임을 입증하는 귀중한 문화 유산이다. 우리 겨레는 불을 깔고 앉고 불 위에 눕는 불을 잘 다루는 불같이 뜨거운 민족이다.

이 아자방은 우리민족의 불을 다루는 솜씨가 얼마나 뛰어났는지를 보여주는 걸작 중에 걸작이다. 본고는 이 아자방 구들의 칠불사 아자방, 아자방 체험관의 구조와 형태 그리고 설계와 시공에 관한 전반적인 과정을 탐구한 연구이다.

아자방 체험관의 건립배경

이 아자방은 표 1에서처럼 여러번의 소실과 증·개축이 있었다.[3] 최근 이 아자방지가 정밀 실측 조사되고 그 구들을 해체 복원 중에 있다. 해체 과정 중에서 일부 현재 구들이 축조되기 전의 일부 아궁이 흔적이 발견되어 지금 현재 사용 중인 해체하는 온돌 이전의 온돌유구의 발굴조사를 진행하였다.

처음 해체를 하면 비밀스런 구조가 혹시 나오지 않을까 하는 기대를 가졌지만 해체결과 9고래 형태의 줄고래로 규모가 일반적인 것보다 큰 것 이외에는 특히 다른 것이 발견되지 않았다. 따라서 1982년도에 복원된 것을 기준으로 다시 해체복원하면 그 시기를 조선시대로 하거나 그 효과 면에서도 현재보다 나은 성과를 기대할 수 없었기에, 수차례의 자문 회의를 거쳐 단순 해체 복원사업을 발굴하

고 일정량의 산소만 있으면 계속 탈 재료가 없어질 때까지 타는 특징이 있기 때문이다.

3 중건 또는 중수에 대한 기록은 통일신라, 고려, 조선시대 초기까지의 기록은 발견되지 않고 순조 30년(1830년) 칠불사 화재 때 경내의 다른 전각과 함께 아자방(亞字房)도 함께 소실되었다는 기록이 나타난다.

는 것으로 사업을 변경하였다. 그 목적은 아직 흔적이 남아있는 보조아궁이와 1982년에 복원 당시 훼손된 원래 아궁이의 형태와 규모를 정밀하게 조사하고 혹시 매장된 고려 혹은 그 전시기의 유구를 기대하여 복원사업을 중지하여 미루기로 하고 발굴 작업으로 대대적인 정밀 조사에 들어가게 되었다. 그러나 지금까지의 해체와 발굴 조사결과 아쉽게도 뚜렷하고 특별한 단서가 될 만한 시설이나 구조가 발견되지는 않았지만, 전체적으로 보면 온돌 장인들이 알고 있는 기본적인 기술에 충실한 형태라고 여겨지고 보조아궁이의 위치와 크기 그리고 지금보다는 훨씬 길이가 큰 원래아궁이의 크기와 길이 등이 나타 났다. 그리고 고려시대의 기층에서 다수의 건축물 축조 흔적과 석렬 등의 시설이 출토되어 현재의 아자방이 조선시대가 아닌 고려시대에 이미 존재하였음을 증명하는 성과를 거두었다. 다만 정확한 이전 아궁이의 크기와 형태 등을 특정할 수 없다는 발굴단의 종합 판단이 결론으로 나와 아쉬움이 있다. 다만 그간 전해내려오는 말처럼 오랜기간 온기를 간직하기위해 장작을 한꺼번에 적재할 수 있는 아궁이의 존재를 추측할 수 있는 단서가 될 수 있는 '확돌'을 발굴한 것이 가장 큰 소득이라 할 수 있다. 과거 우리나라에서는 많은 가마터가 있고 토기를 굽기위한 시설들이 많이 있었고, 또한 철기와 청동기를 사용하기 위한 용광로의 기술 등이 발달했기에 에밀레종과 같은 불후의 명작을 만들었을 것이기 때문에 이 확돌을 근거로하여 지금보다 훨씬 큰 가마형 아궁이는 충분히 예측할 수 있다.

'千年의 秘密' 아자방 온돌

아자방 체험관의 건립목적

이 발굴조사결과를 토대로 현재 아자방의 복원을 1982년 이전의 원형의 구조와 형태로 하기로 결정하고 현재는 알 수 없는 아궁이의 상부구조에 대한 많은 논의가 있었다. 발굴결과 아궁이의 길이는 2m 정도이고 대체적으로 그간 내려오던 장정 여럿이 장작을 지고 들어가는 정도의 규모를 생각하면 숯가마 형태일 것이라는 추정이 가능하였지만 그 가마형 아궁이의 구체적인 형태나 구조에 아직까지 한국에서는 사용된 사례가 없었다. 그래서 먼저 아자방 체험관을 기존 아자방의 원형과 같은 1:1의 비율로 기존 발굴내용을 기초로 건립하여 충분히 온돌의 효과를 검증한 후에 그 성능이 확인되면 새롭게 복원되는 아자방의 아궁이 등 훼손되고 멸실된 부분을 복원 할 때 그 기능이 충족되고 최대한 원형이 유지되도록 적용하고자 했다. 그래서 아자방 체험관은 원래 아자방을 복원하기 위한 기초 자료를 확보하는 것이 1차적인 건립 목적이다. 그리고 이러한 일련의 해체 발굴 복원 그리고 새로운 아자방의 건립은 기존 문화재 아자방과는 별개로 우리 선조들의 찬란한 온돌 기술과 문화를 일반인에게 공개하여 체험할 수 있게 한 체험관 아자방을 계획 설계 시공하는 과정을 기술한 것이 본고의 주된 내용이다.

시 기		내 용
신라	효공왕 (897~912년)	담공선사(曇空禪師)가 아자방(亞字房, 일명 벽안당 碧眼當)을 건립
조선	광해군 (1608~1622년)	부휴당(浮休堂) 선수대사(善修大師)가 아자방 중수 추정
	순조 30년 (1830년)	칠불사 다른 전각과 함께 아자방도 화재로 소실
	순조 32년 (1832년)	대은스님과 금담스님 두 율사의 주재로 전국 사찰의 협조로 아자방 복구
근대	1949년	1월 여수 순천10.19사건 당시 작전상 이유로 국군에의하여 모든전각이 전소되고 아자방의 온돌만 남음
	1966년	2월 1일 문교부 문화재관리국 영선계 기사 외 3인이 아자방 실태조사차 현지를 답사
	1976년	12월 20일 아자방지(亞字房址)가 경상남도 유형문화재 제144호로 지정
	1981년	아자방지 복원을 위한 사전 발굴조사
	1982년	아자방 건물 복원공사('81.11.21 ~ '82. 11.22) 아자방 온돌보수('82.12.23 ~ '83.4.12)
	1992년	아자방 화재안전공사(군비 70,000 천원)
	2000년	아자방 번와보수(106.47㎡) - 국비 15,000 천원, 도비 5,250 천원, 군비 9,750 천원
	2006년	아자방 소화설비 보수, 노후관 보수, 저수탱크 보수
	2009년	아자방 머릿돌(이마돌) 보수공사 칠불사자체공사인데 아랫목돌을 수리하였다
	2012년	아자방 번와 보수공사
	2013년	아자방 건물 기록화 사업
	2015년	아자방 해체보수공사 시작 발굴작업으로 중지
	2017년	아자방 해체 보수 중 발굴조사
	2018년	아자방체험관 신축공사 개시
	2019년	아자방체험과 온돌공사 3개월간 실시 완료

| 표 1 | 칠불사 아자방 건립 수리 해체연혁

그래서 아자방 체험관은 원래 아자방의 크기와 규모 구조를 최대한 따르되 훼손되거나 멸실된 부분은 그간 전승된 내용을 토대로 새롭게 복원하는 것이고, 새롭게 신축하는 이 시대의 아자방으로 계획하되, 최대한 아자방 현장 인근이나 우리나라 내에서 채취한 자연 황토 흙과 자연석 구들장돌 등 자연재료를 사용하고 우리조상들이 사용했던 고유의 전통방법 등을 최대한 적용하는 것으로 했다. 다만 발굴작업과 원형에서는 별로 사용하지 않은 단열재로는 팔만대장경 판을 보관한 해인사에서 사용된 훈탄(왕겨숯)과 천일염을 사용하고 그 외 구들둑와 개자리 가마에는 새로 구운 전통기와와 전벽돌을 사용하하였다. 그리고 콘크리트 기초 위와 연도 굴뚝 등 온돌방 내부와는 상관없는 곳과 고막이와 외부 아궁이 전실 등은 적벽돌 시멘트 벽돌 현무암 가공 구들장과 콘크리트 흄관 등 현대적 자재를 사용하여 시공성을 높이고 구들의 성능을 최대한 유지하도록 했다.

2. 실측조사를 통해본 아자방의 기본 형태 고찰

아자방은 신라 효공왕(897~912년) 때에 담공선사(曇空禪師)가 벽안당(碧眼堂, 일명 亞字房)을 건립된 이후[4] 옛 문헌상의 최초 중수는 조선 임진란 당시 칠불사의 모든 전각이 왜적에 의하여 피해를 보아 광해군(1608~1622년) 때에 부휴당 선수대사에 의하여 아자방이 중수되었다고 전해지고 있다. 또한 순조 30년(1830년)에 칠불사에 큰 화

---

4 칠불선원 사적기에는 신라 지미왕 8년(119년)에 벽안당을 지었다는 기록이 있다.

재가 나 다른 전각과 함께 아자방도 전소되었다가 그 이듬해인 순조 32년(1832년)에 대은스님과 금담스님에 의하여 아자방이 복구되었다. 이 당시 복원된 아자방이 창건당시의 모습이었는지 아니면 변화된 모습인지는 알 수 없다. 또한 순조 32년(1832년)에 복구된 아자방도 1949년 1월에 국군에 의하여 작전상 이유로 칠불사의 모든 전각이 전소되고 단지 아자방의 구들만이 원상태로 남게 되었다가 현재와 같은 모습으로 복원된 것은 1982년이다. 복원된 아자방의 상부건물은 장식적 효과를 최대한 억제하고 기능에 충실하게 하여 가구의 짜임을 하였다. 평면구성은 정면 5칸 측면 2칸으로 참선수행을 위한 선방을 상대적으로 크게 하고, 또한 실질적인 정면은 건물의 뒤편에 두어 스님들의 참선 수행하는데 있어 일반인들로부터 방해를 받지 않도록 배려한 것을 볼 수 있다. 특히 부엌과 선방의 단차를 1,600㎜ 정도 두고 선방부분에 전통구들을 설치한 수법을 통해 우리나라 전통 온돌문화의 특징을 잘 보여주고 있어 문화재로서 가치를 충분히 가지고 있다고 볼 수 있다.

실측조사보고는 경상대학교 고영훈교수팀이 2013년 4월 15일부터 2013년 6월 31일까지 기본실측조사와 보완실측조사를 하였고 2013년 7월 1일부터 2013년 8월 24일까지 실측도면 작성과 보고서를 발간하였다. 실측조사 보고서에 따른 하동 칠불사 아자방의 건축적 특징을 각 부분별 살펴보면 표 2와 같다.

결론적으로 아자방은 장식적 효과를 최대한 억제하고 참선 기능의 구들에 충실하게 하여 가구의 짜임을 하였다.

	형태와 구조
평면형태	아자방은 우측 3칸은 방으로 구성. 가운데를 중심으로 좌우측을 "ㄷ형" "ㄱ형"으로 하여 350mm 정도 바닥을 높게 잡아 수도승이 면벽을 통한 참선 수행이 될 수 있도록 '좌선처'와 참선하다가 잠시 내려와 쉬는 '경행처'로 명명됨
기단과 주초석	경사지형을 이용, 부엌과 선방의 기단 단차를 두고 약간의 절토를 통해 기단 좌우 단차가 있는 외벌대 기단으로 구성. 정면의 계단 상부 기단은 두벌대 기단으로 구성
기둥	건물이 놓여 진 기단의 단차에 의해 주장이 다른 것이 사용 됨. 부엌이 있는 하단의 기둥은 주장이 긴 장주사용, 방과 툇마루가 있는 상단의 기둥은 짧은 단주 사용
수장 창호	각 칸에는 상방, 중방, 하방이 설치됨. 상방 중 이중살창이 있는 곳은 하상방, 중상방, 상상방으로 단일살창이 있는 곳은 하상방, 상상방으로 구분됨.
공포	첨차가 있는 이익공. 기둥머리를 사괘짜임으로 하여 창방과 직교되게 초익공을 끼우고 그 위에 주두를 놓음. 이익공과 첨차를 직교되게 한 후 보머리를 얹음
가구 구성	아자방의 지붕틀은 대량, 종량, 도리, 장여, 동자주, 동자대공 등과 같은 가구재로 구성. 전체적인 외목도리를 제외하면 가구형식은 5량가 임
천장 처마	부엌의 천장은 연등천장, 선방의 천장은 우물반자로 구성. 지붕처마는 4면 모두 부연과 연목이 사용된 겹처마, 처마 끝은 부연만큼 더 내밀고 있음
지붕	맞배지붕면과 벽면의 높이 비는 1.0:0.9로 지붕의 육중함이 강조됨. 용마루는 층단 용마루. 부고, 층단, 부고, 착고 위 적새 7단으로 구성, 좌우 끝면에 망와로 마무리
선방의 배치	선방을 크게 하고, 실질적인 정면은 건물의 뒤편에 두어 스님들의 참선 수행하는데 일반인들로부터 방해를 받지 않도록 함
단차	부엌과 선방의 단차를 1,600mm 정도 두고 선방부분에 전통구들을 설치한 수법을 통해 우리나라 전통 온돌문화의 특징을 잘 보여주고 있음

| 표 2 | 아자방의 외부 형태와 구조

아자방의 복원은 1981년 11월 21일 착공하여 1982년 10월 14일 준공 되었다. 이 당시 설계는 태창건축사사무소에 수행하였으며, 홍농토건에서 사업비 50,000 천원에 수행되어 지금과 같이 정면 5칸, 측면 2칸의 이익공 맞배지붕으로 복원되었다.[5] 해체 복원 시 구들 공사에 당대 최고의 구들장인인 김용달(金龍達)[6]이 수행하였다. 지금의 구들은 하나의 부뚜막이 아궁이로 되어 있고 아궁이속의 함실 크기는 사람이 들어가 앉아 손을 들어 이맛돌을 만질 수 있는 정도이다. 삼각 형태의 이맛돌부분은 새로 만든 석재가 맞지 않아서 불힘을 견디지 못해 부스러져서 최근에 재수리되었다.[7]

이 당시 김용달(金龍達)은 다음과 같이 회고 하였는데 "아자방 복원 시 구들을 당초대로 시공되었는데 기대수준 만큼 온도가 올라가지 않아 아(亞)자의 굴곡마다 놋쇠판을 대고 건물 좌측에 따로 떨어져 있는 굴뚝에는 열을 조절하는 놋쇠판을 두어 온돌의 열효율을 높였다."고 한다.[8]

---

5 당시 복원에 참여한 사람들의 증언에 따르면 아자방 구들은 수리시 아궁이 부분이 모두 파괴되어 흔적을 찾기 어려웠고 지상 건물 또한 전부 소실되었기 때문에 발굴과 복원이 일관되게 진행되지 못하였고 소실 이전의 모습을 완벽하게 복원할 수 없었다고 전해진다.

6 김용달은 3대째 가업으로 구들 기술을 전수받았으며, 수도사, 백련암, 봉암사 등 전국의 사찰과 민간 가옥에 구들 시공을 맡아 왔던 당시의 온돌장인이다.

7 김준봉·리신호·오홍식, 《온돌 그 찬란한 구들문화(개정판)》, pp. 299~319에서 재인용.

8 경상남도 〈경남문화재대관〉, p. 168에서 재인용.

| 그림 2 | 2009년 아자방 수리와 2019년 체험관 시공 후 사진

그리고 가장 최근인 2009년 11월에 아자방 아랫목돌과 부뚜막 이 맞돌교제 등의 보수공사가 있었는데 이 당시 아자방 온돌의 보수공 사는 통광주지가 경남인근에서 구들장인으로 이름이 나 있는 안진근 에 의뢰하여 아자방의 구들 해체수리가 수행되었다. 당시 지은이도 보수공사에 함께 참여하여 아궁이를 통해 함실 내부를 보고 그 크기 와 부넘기 등을 보았다. 혹 신비한 구조가 있을 것으로 내심 기대하 여 부뚜막 가마솥을 철거한 후 내부로 기어 들어가서 함실장(아랫목돌) 을 살피고 촬영까지 하였는데 규모가 크고 함실(불주머니)의 높이가 커 서 함실장(아랫목돌)을 놓는 밑부분 고래로 들어가는 부넘기를 형성하 는 구들장이 맞배지붕 처럼 '人'자형으로 된 것이 특이하였고, 일반 함 실 구들에 비해 조금 복잡한 것을 제외하고는 특별한 비밀스러운 시 설을 발견하지 못했다. 차라리 난방을 주로하는 온돌 시설임에도 부 뚜막이 실지되어 있어서 함실까지 장작을 밀어넣기가 어려워서 2m 정도의 긴 쇠막대로 장작을 넣을 수 밖에 없는 불편한 구조었다.

3. 해체와 발굴을 통해본 아자방 구들의 기본 구조

1981년 아자방지 복원 전 현황

1982년 고래 입구 현황   1982년 와적 고래둑 현황

| 그림 3 | 1981년 복원전 현황과 당시 고래 발굴 현황

　현재의 아자방은 1982년에 복원된 것으로 그 당시 구들에 대한 충분한 규명 없이 복원되었기 때문에 해체조사를 통해 아자방 구들의 원형을 규명하고자 시행하였다.[9]

9　아자방의 건축물 해체공사는 2015년 6월 (주)열린건설의 도급으로 수행되었으며, 4차례의 기술지도 자문회의를 통해 부엌 내부 및 아궁이 철거와 아자방 내부 및 구들 해체를 선행하고 시굴조사 후 1차, 2차 합계 233.82㎡를 발굴조사를 선행하였다. 아자방 고래 해체 후 2017년 3월부터 사걸비계 및 펜스 설치하여 관람객 및 작업자의 안전 예방하고 지붕 해체 및 벽체, 창호, 툇마루, 굴뚝 등을 실시하였다. 2017년 3월 28일부터 4월 3일간 가설 비계 자재운반 및 가설비계 설치 및 펜스 설치 후 4월 4일부터 4월 15일간 지붕 기와해체

그리고 2016년 '칠불사 아자방 구들 해체 보수공사' 진행 중에 아궁이의 앞부분에서 1981년 해체 과정에서 확인하지 못했던 아궁이 관련 구조물과 소결된 부분이 발견되어 아자방의 복원·정비 계획을 수립하는데 필요한 기초자료 확보를 위한 사전 발굴조사의 필요성이 제기되었기 때문에, 이번 발굴조사를 통해 고려시대의 유구와 조선시대 조성된 구들이 조사되어 아자방 구들의 원형을 규명된 것은 다음과 같다.

① 최후 증축된 것으로 보이는 아궁이 철거한 후 부엌 내부 바닥 강회다짐을 철거하여 바닥하부 석렬을 발견하였으며, 아궁이 부분 좌우측면 강회다짐 부분과, 인방하부 벽체를 같이 해체하여 아궁이 내부 형태를 노출시키고 시굴조사를 실시하여 2m 이상 길이의 아궁이의 형태와 보조아궁이 등 조선시대 및 고려시대 유물을 발굴하였는데, 이는 아자방 구들이 이미 고려시대에도 존재하였음을 알 수 있다.

② 불아궁이 안에서 장작 등의 땔감이 연소되는 곳으로 불목에 "人"자 형태의 불목돌이 화기와 연기를 고래로 넘어 가도록하기 위하여 불고래를 만들었던 것을 확인되어 큰 함실을 구조적으로 높은

를 시행하였다. 2017년 4월 22일부터 4월 29일간 아자방 벽체 및 화방벽 해체를 위해 건물의 변형을 방지하기 위해서 가새를 설치하고 창호, 벽체, 굴뚝, 툇마루를 해체하였다. 벽체 및 창호 해체 전에 충분하게 가새를 설치하여 구조의 변형이 발생하지 않도록 보강조치 후 창호 및 벽체를 해체하여 각 번호를 부여하여 부재 보관 장소에 창호를 보관하였다. 배면 툇마루를 해체하고 기단, 강회다짐 등 구조물을 철거하여 발굴조사시에 트랜치를 넣어 조사가 용이하도록 구조적 보강을 위해서 드잡이 공사를 시행하였다. 드잡이 공사와 기단, 기단기초 및 굴뚝기초 철거와 판벽 등 전반적인 해체공사를 2017년 5월 22일부터 7월 13일간 시행되었다.

열에 오랜기간 견딜 수 있도록 터널형 구조를 가지고 있음을 알 수 있었다.

③ 아자방 내부 및 구들 해체를 통해 3칸으로 구성된 아자방 "亞" 자 형태의 좌우 간격은 2,551㎜ 정도이며 중앙 간격은 2,762㎜이고, 아궁이 방향의 단은 고래 둑이 부분적으로 훼손되어 있으나, 단을 구성한 고래 둑이 기울어져 있고, 구들장 두께는 257~122㎜ 정도이며, 크기는 600㎜ 전후의 크고 작은 넓은 돌을 깔고 구들장 사이에 사춤돌을 끼워 메워 넣고 진흙으로 메워 바르는 거미줄치기하여 방 바닥을 형성하였음을 알 수 있었다.

| 그림 4 | 발굴후 고임돌 고래 사진

'千年의 秘密' 아자방 온돌

④ 구들 해체 후 고래를 실측 조사한 결과 줄고래의 형태를 취하고 있다. 고래 둑은 8조가 설치되어 있다. 개자리는 굴뚝방향 벽면 330㎜ 정도에서 형성되어있으며, 개자리 폭은 300~400㎜, 깊이는 300㎜ 정도로 형성하였으며, 고래 바닥 경사는 3.4%의 경사를 이루며, 상부 구들 장상면의 경사는 고래바닥 경사와 비슷한 3.5% 정도이며, 그 위에 부토로 수평마감하였다. 이는 아자방 구들의 구성이 이중구들과는 어느 정도 거리가 있는 것으로 보이며, 구들돌이 큰 것과 골이 약간 깊은 것 말고는 이중구들의 특징이 없음을 알 수 있다.

⑤ 발굴조사를 통해본 아자방의 축조연대 - 칠불사 아자방의 복원·정비 계획을 수립하는데 필요한 기초차료를 제공하고자 이번 정밀발굴조사를 실시하였는데, 그 결과 고려시대에 조성된 것으로 추정되는 건물지와 조선시대(1832년: 순조 32년)에 중건된 것으로 추정되는 아자방과 관련된 건물지 일부가 남아있는 것을 확인하였다.[10]

---

10 고려시대 건물지는 상단과 하단으로 약 1.6m 정도 단을 이루면서 조성되어있다. 상단에는 적심 2기와 수혈 1기, 적석시설이 확인되었고, 하단에는 축대 남쪽으로 연접하여 박석과 2열의 기단석열, 방형의 확돌 및 생활면이 확인되었다. 고려시대 건물지 상부 퇴적층, 조선시대 주아궁이에서 고려시대 복합문 평기와와 귀목문 암막새, 수막새, 와전, 조선시대 중호문, 집선문, 무문 등의 평기와편이 출토되었고, 자기류로는 청지편, 분청사기편, 백자편이 출토되었다. 조선시대에 중건된 것으로 추정되는 아자방은 1980년대 진행된 아자방 구들 복원과정에서 구들과 고래 둑, 연도, 굴뚝은 대부분 제거된 상태로 확

| 그림 5 | 발굴후 구들장 사진

⑥ 이번 발굴에서 1982년 복원시에 덮혀있던 주아궁이와 보조아궁이, 초석과 계단이 확인되었는데, 주아궁이는 고려시대 건물지의 축대를 이용하여 조성되어 잇으며, 보조아궁이는 1980년대 복원·정비 시대부분 제거되고, 부넘기만 남아있었다. 주아궁이는 두 차례에 걸쳐 바닥과 벽면을 점토 등을 덧발라 개·보수하여 사용한 것으로 파악되었다.[11]

인되었다. 아자방 북쪽 외곽에서 굴뚝 개자리 흔적, 서쪽 외곽에는 기단석열이 남아있다. 아자방 남서쪽 벽체하부에서 기와로 겹겹이 쌓아 만든 고래 둑 흔적이 확인되었고, 북서쪽과 북동쪽 벽체 하부에서는 연도로 추정되는 시설이 확인되었다. 복원된 함실 동편에서 구들 개자리로 추정되는 시설이 일부 확인되었다.

11 1981년 해체 수리할 때 간단한 시굴조사가 선행되었는데 그 당시 1m 이상의 바닥두께와 10㎝ 두께의 방바닥 장판이 있었다고 전해진다. 구들장을 고이는 고임돌은 기와조각과 돌로 쌓았고 고래를 형성하는 구들돌은 불을 처음 맞는 아궁이쪽에 더 두터운 것이 되었으며 북쪽 굴뚝으로 빠지는 골 밖에서 한 단 더 떨어뜨려 개자리를 둔 것으로 추정되었다. 또한 아자방 구들돌 두께는 20㎝ 이상 되는 것이 많이 발굴되었다. 아궁이는 가운데 큰 함실이 있는 아궁이와 확실치는 않으나 가운데 아궁이 한쪽 끝에 외골고래용 보조아궁이 흔적이 발견되었다. 또한 아궁이에서 회굴(고래개자리) 쪽으로 종경사는 급한 경사 각도를 가지고 있다고 보고되었다.

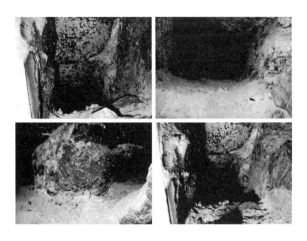

| 그림 6 | 2009년 아랫목돌 수리하기 전 아궁이 속 함실 고래와 부넘기 부분 사진

⑦ 조선시대에 중건된 것으로 추정되는 아자방은 1980년대 진행된 아자방 구들 복원과정에서 구들과 고래 둑, 연도, 굴뚝은 대부분 제거된 상태로 확인되었지만, 아자방 북쪽 외곽에서 굴뚝 개자리 흔적이 있어 복원을 위한 원래의 굴뚝의 자리를 추정할 수 있다. 그리고 발굴결과 서쪽 외곽에는 기단석렬이 남아있고, 아자방 남서쪽 벽체하부에서 기와로 겹겹이 쌓아 만든 고래 둑 흔적이 확인되어 1982년 복원 전에 남서쪽에도 남동쪽의 보조아궁이처럼 양쪽에 보조아궁이가 있었음을 추정할 수 있다. 또한 북서쪽과 북동쪽 벽체하부에서는 연도로 추정되는 시설이 확인되었으므로 북동쪽과 북서쪽 두 군데에 연도가 굴뚝쪽으로 연결되었을 것으로 추정된다.[12] 복원된 함실 동편에서 구들 개자리로 추정되는 시설이 일부 확인되었

---

12 남한산성 행궁구들과 대방구들에서처럼 흔히 두 개의 연도가 고래개자리 양쪽에 시설되어 굴뚝에서 합쳐지는 'Y'자형 연도로 여겨진다.

으므로 역시 1982년 복원 전의 구들에서는 아궁이 함실에서 고래쪽으로 구들 개자리가 있었을 것으로 여겨진다.

4. 아자방 체험관 온돌의 기본계획 및 설계

아자방 체험관 설계와 계획의 기본원칙

| 그림 7 | 개자리 아궁이 터파기 시공전 사진

① 고려시대의 아자방지는 발굴조사를 통해 조성연대를 알려주는 각종 유물로 그 존재가 확인되었으나 그 크기나 형태 등을 참고할 수 없기에 발굴시 나타난 박석과 아궁이 흔적을 기준으로하여 아궁이 바닥을 정하고 선방부분 고래 개자리 상단 - 고래 둑의 쌓은 바닥 높이 - 과 가마형 함실바닥과의 높이 차이를 추정하여 설정한다.

따라서 아자방 체험관은 현재 1982년 복원된 아자방의 크기 형태

'千年의 秘密' 아자방 온돌

재료를 기본으로 하여 전체적인 아자방의 내부구조는 조선시대를 기준으로 1:1 규모로 하되, 아궁이와 보조아궁이 등은 고려 시기의 바닥을 기준으로 그 바닥높이와 크기를 적용한다. 즉 아궁이와 방바닥과의 높이 차이에 대한 계획은 현재의 아자방은 부엌과 방의 기단 높이 차이를 기준으로 1,600㎜ 단차를 두어 평면을 구성하였지만 고려시기에 조성되어 발굴된 아자방의 아궁이 출입구로 추정할 수 있는 확돌의 레벨을 기준으로 아궁이 바닥을 형성하는 것으로 한다.(방바닥과 아궁이 바닥의 높이 차이는 최소 2,000㎜ 이상으로 계획함)

② 발굴결과 주아궁이는 최초 길이 2m로 조성된 이후 세 차례의 보수가 이루어지고 이후 길이 1.4m 정도로 축소 개축된 후 두 차례 보수가 이루어진 것으로 파악되었기에 주아궁이와 보조아궁이는 조선시대의 어느 시점에 중건되었음을 입증해 주는 고고학적 자료로라는 발굴 보고서의 의견에 따라 함실형 주아궁이 길이를 가장 오래된 초기의 상태인 2m 정도를 기준으로 한다.

③ 굴뚝(구새)으로 나가는 굴둑(연도)는 1982년 복원공사 시의 아궁이 사진을 근거로 하면 중앙에 2개의 연도가 구성되어 있다. 그리고 아궁이에서 이어지는 고래 입구부에서는 구들 개자리가 확인되지 않고, 아궁이에서 고래로 바로 이어지는 형태로 보였지만 연도부는 발굴조사에서는 아궁이에서 이어지는 구들 개자리가 확인되었고, 중앙의 연도부는 사라졌으나 동북쪽 모서리부근에 작은 보조 연도 시설이 확인되었기 때문에 1982년 복원된 아자방 구들 부분도 새로이 개축된 것으로 판단되기 때문에 보조아궁이 연도와는 별도로 구들 개자리와 굴뚝으로 나가는 2개의 연도를 중앙부분에 설치한다.

굴뚝 개자리의 깊이는 발굴결과 심한 교란과 훼손으로 상세히 알 수 없지만 일반적으로 바닥 배수와 과거 청소시를 대비하여 아궁이 바닥보다 낮게 위치하기 때문에 현재 발굴된 확돌의 위치보다 낮게 위치하는 것으로 한다.

| 그림 8 | 구들장 불문 훈탄 천일염

④ 열의 축열과 단열을 위하여 구들장은 최소 100㎜ 이상을 사용하거나 2~3중으로 하여 구들장의 축열기능을 높힌다. 고래 둑역시 황토를 이용한 와적형태로 한다. 외부와의 단열 방충 등을 위하여 바닥에 훈탄(왕겨숯) 80㎜ 이상 천일염 30㎜ 이상을 깔고 벽은 모든 노출된 외벽에 훈탄 200㎜ 이상을 충진한다. 부득이한 경우 - 예를 들면 전기배선이 통과하거나 외부 가마형함실벽체와 지붕부분은 유리섬유(100㎜ Glass Wool)를 부분적으로 사용한다.

⑤ 불문, 맨홀, 집수정, 보조아궁이, 보조연료투입구, 외부연도, 굴뚝 개자리는 현재 제작가능한 형태의 철물을 주문하거나 외부의 연도(굴뚝)는 기성 콘크리트 흄관 직경 400㎜를 사용하고 굴뚝 개자

'千年의 秘密' 아자방 온돌

리도 콘크리트 기성 맨홀 1,000㎜ 이상 등 현대적 기성자재를 사용한다.

상기의 기준으로 미추홀 건축사 사무소에서 설계를 진행하고, 현장상황에 맞추어 문화재수리기능자를 중심으로 그때그때 실시도면을 스케치하여 (사)국제온돌학회 시공팀이 현장사공을 하였다. 약 3개월 정도[13]의 공사기간과 연인원 300명 정도의 인원이 투입되어 완성하였다.

| 그림 9 | 구들장 기와 황토 자재 ⌐

아자방 체험관 계획과 설계

현재 국내에서는 아자방과 유사하게 가마형함실을 가진 사례는 아직 발견되지 않았다. 다만 아자방과 유사한 구들형태가 발굴된 회

---

13 설계변경과 장마로 인한 공사중지기간을 감안하면 실제 공사일수는 2개월 정도임.

암사지가 있고 중국 만주지역인 옛 고구려 지역에 아자방 형태의 청나라 황궁구들이 있다.

아자방지와 유사한 구들형태가 조사된 회암사지는 4단지 "가", "라", "사" 등의 건물지에서 고래 형태가 조사되었으며, 그 중 "사" 건물지 사례로 양쪽으로 두 개의 아궁이를 설치하여 각 두줄고래로 구성하고 방과 방사이를 암거형태로 고래를 통과하여 방과 방을 연결시킨 형태로 현재까지 발굴된 아자방의 아(亞)자 형태의 고래와 가장 유사한 사례로 볼 수 있다. 다만 방 가장자리 참선처 부분은 확실이 아자방구들형태가 확실하나 방 가운데 부분인 경행처 부분에는 구들 흔적이 발굴되지 않아 일반적인 중국의 만주족 캉(방 안의 단차가 있는 실내 착화형 입식형 쪽구들형태를 칭함)형태로 여겨진다. 이 회암사지는 우리나라에서 발굴된 가장 대규모 온돌 유적으로 문헌기록에 의하면 고려 중기 이전에 창건되었던 것으로 추정하며 건물지에 조성된 구들은 조선시대의 것으로 추정하고 있다. (도면 참조)

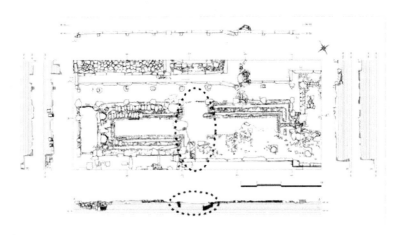

| 그림 10 | 회암사지 4단지 '사' 건물지 평면도 및 단면도

　　　　　　　　　　　　　　　'千年의 秘密' 아자방 온돌

현재 중국 요녕성 선양지역에 우리 아자방과 유사한 형태인 구들이 있다. 중국 동북삼성지역으로 옛 고구려 수도가 있던 지역으로 청나라 1대 황제 누르하치가 있던 곳이다. 우리 아자방과 동일하게 경행처 참선처 모두가 바닥에 온돌이 설치되어 있다. 그리고 중국 동북지역 농촌지역에 아궁이가 지하실형태로 되고 그 속을 왕겨로 가득 채워 한달 정도 불이 꺼지지 않고 천천히 타들어 가게 하는 아궁이가 있다. 이번 아자방 체험관은 산소를 천천히 주입하여 오래 타게하는 원리와 만주지역 고궁구들인 완즈캉(卍字炕)구들을 참고하였고(그림 11 참고) 여주 이천등지의 가마시공전문가의 도움을 받아 가마형 함실아궁이를 완성하였다. 아궁이는 실제 가마형태이지만 도자기를 굽는 용도가 아니고 열을 저장하고 발열하는 기능을 위해서 가마형 함실 양쪽 측면에 홍예 형태로 양가로 들어가는 고래로 연결되는 부넘기를 만들고, 함실속에서 발생한 열을 상하층 고래별로 골고루 분배하는 기능을 위해 와적을 이용한 매화구들형태를 적용하였다.

(1) 평면계획

① 평면 - 아자방(亞字房)은 정면이 5칸이고, 측면이 2칸인데 고려시대의 부엌과 방의 높이 차이는 큰방에 따른 구들의 효율을 고려하여 부엌과 방의 기단 높이를 기준으로 1,600㎜ 정도 단차를 두어 평면이 구성 되었다. 정면은 5칸 중 좌측 2칸은 부엌이고, 우측 3칸은 방으로 구성되어 있다. 주칸은 어칸과 좌·우협칸, 좌·우퇴칸의 간격은 기의 비슷하다. 배면은 5칸 중 좌측 2칸은 부엌이고, 우측 3칸은 방으로 출입할 수 있도록 툇마루로 구성되어 있다. 방은 3칸으로 구

성되어 있는데 이 중 가운데 칸을 중심으로 아자형(亞字型)으로 방 바닥을 구성되어 있다. 즉, 가운데를 중심으로 좌측을 "ㄷ형" 우측을 "ㄱ형"으로 하여 가운데 바닥보다 450㎜ 정도 바닥을 높게 잡아 수도승이 면벽(面壁)을 통한 참선(參禪) 수행이 될 수 있도록 한 곳을 '좌선처'라 하였으며, 가운데 십자 모양의 낮은 곳은 참선하다가 잠시 내려와 쉬는 '경행처'로 명명되어 있다.

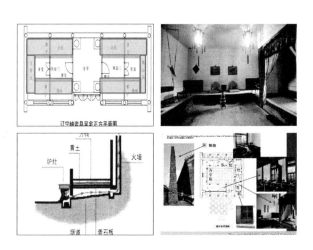

| 그림 11 | 중국 선양 만주지역 청나라 고궁 구들

'千年의 秘密' 아자방 온돌

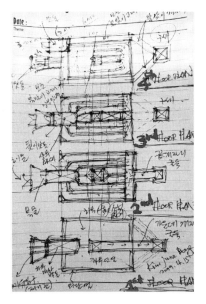

| 그림 12 | 아자방 체험관 초기평면 스케치

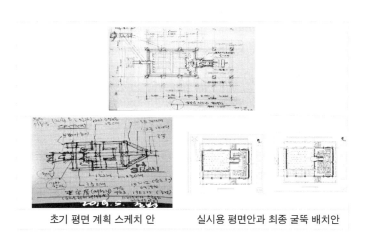

초기 평면 계획 스케치 안　　　실시용 평면안과 최종 굴뚝 배치안

| 그림 13 | 체험관 평면 초기스케치와 실시용 평면도

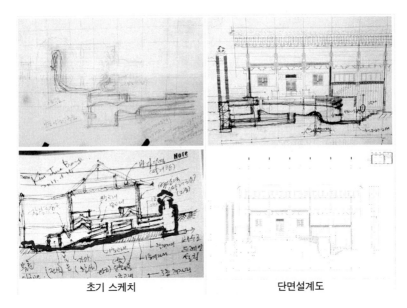

초기 스케치   단면설계도

| 그림 14 | 단면계획도

  ② 초기안은 보조아궁이를 좌우 양측으로 계획하여 고래개자리 상부에서 '人'자형태로 굴뚝으로 가는 연도를 계획하였으나 발굴한 원 아자방에 충실하기 위하여 한쪽에만 보조아궁이를 두기로 하고 굴뚝은 현재 아자방 체험관 주변의 석축과 전체 지형적 배치를 고려하여 좌측 후면 모서리 쪽으로 이동하여 설치하는 것으로 하였다.

(2) 단면계획

  ① 횡단면상의 횡구배를 보면 아자방 체험관의 단면계획은 함실 아궁이 바닥에서 방바닥 마감까지의 높이 차이를 2,700㎜를 기준으로 하였고 방바닥과 구들의 높이를 감안하여 구들이 시작되는 부분의 고래바닥은 아궁이 바닥 1,200㎜ 단차를 두고 구들이 끝나는 고

258   '千年의 秘密' 아자방 온돌

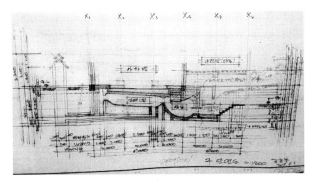

| 그림 15 | 단면시공도

래개자리 부분과는 1,800㎜로하여 바닥 경사는 600㎜로 계획하였다.

② 구들이 시작되는 종단면상의 종구배를 보면, 높이 차이는 아궁이 부분에서는 중앙부와 양 끝은 300㎜ 단차로 경사를 두었고 중앙부에서는 중앙에서 양 끝 쪽으로 150㎜ 경사를 두었다. 횡단면상으로 양쪽 장변쪽의 단차는 300㎜ 구들방 중앙부의 아궁이쪽 바닥과 고래개자리쪽 단차는 600㎜로 계획하여 전체적으로 바닥경사는 종구배와 횡구배가 배의 바닥과 같이 함실아궁이가 가장 낮고 고래개자리와 아궁이 좌우측 측벽쪽으로 조화롭게 올라가는 구배가 되도록 계획하였다.

| 그림 16 | 고래 둑 시공사진

(3) 개자리, 연도의 계획

조선시대에 중건된 것으로 추정되는 아자방은 1980년대 진행된 아자방 구들 복원과정에서 구들과 고래 둑, 연도, 굴뚝은 대부분 제거된 상태로 확인되었다. 아자방 북쪽 외곽에서 굴뚝 개자리 흔적있어 체험관 계획시에도 굴뚝 개자리를 만들었다.

그리고 복원 시 연도는 두 개로 구성하였다가 다시 한 개의 연도로 재시공되었던 것으로 조사되었고, 아자방 남서쪽 벽체하부에서 기와로 겹겹이 쌓아 만든 고래 둑 흔적이 확인되어서 남서쪽에도 보조아궁이가 있었던 것으로 추정되어 아궁이 양쪽에 보조아궁이를 계획하였다.

북서쪽과 북동쪽 벽체 하부에서는 연도로 추정되는 시설이 확인

　　　　　'千年의 秘密' 아자방 온돌

되어 연도 역시 두 곳으로 초기 스케치안에서는 고래개자리 양 끝 두 곳에 연도가 있는 '人'자형 연도를 계획하였는데 최종 단계에서 확실히 두곳에 있었다고 특정하기 어렵다는 자문위원들의 의견이 있어 최종적으로 보조아궁이와 연도가 각각 한 곳으로 계획하였다.

발굴에 따르면 아자방지의 고래 개자리는 좌우로 양분되어 있으며, 연도는 2개로 구성하여 각각 배연되도록 구성하고 있어서 주아궁이 연도를 고래개자리 하부에 두 개로연결하고 상부에 보조아궁이 연도를 두어 총 3개의 연도로 계획하였다.

복원된 함실 동편에서 구들 개자리로 추정되는 시설이 일부 확인되어서 체험관 계획시에도 함실 주변에 구들 개자리를 만들었다.

| 초기스케치 | 시공사진 |

| 그림 17 | 고래개자리 구들 개자리 가운데개자리

한편 역사적으로 전통 대방구들에서 흔히 나타나는 중간개자리는 이번 발굴에서는 1982년 구들을 놓을 당시 바닥이 많이 교란되어 발굴이 불가능하였고 발굴단의 의견도 중간개자리를 확실하게 특정할 수 없다고 했지만 아자방의 특이성을 고려하고 체험관의 기능을 충족시키기 위하여 중간개자리를 설치하였다.

| 그림 18 | 고래개자리 시공사진

'千年의 秘密' 아자방 온돌

(4) 가마형 함실아궁이 계획

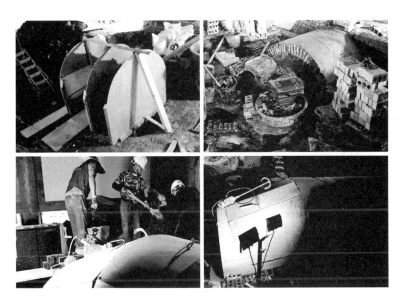

| 그림 19 | 가마형함실 거푸집 시공사진

아자방 아궁이 형태는 1982년 중창당시 심하게 훼손되었기 때문에 초창 당시의 유구로 확정할 수 없으나 1980년대 복원 당시 기초조사를 통해 주아궁이와 보조아궁이로 구성되었던 것을 확인 할 수 있었기 때문에 주아궁이 와 보조아궁이를 계획하였다.

발굴결과에 따라 주아궁이는 부엌 구들 중앙에 위치하고 보조아궁이는 툇마루방향으로 주아궁이와 1.1m 정도 이격하여 배치계획하였다. 그리고 아궁이의 발굴결과가 아궁이 함실은 전면으로 2,800㎜ 정도 내밀고 좌·우 폭은 주아궁이가 720㎜ 정도이며, 보조아궁이의 함실폭은 600㎜ 정도로 석렬이 조사되었으나, 온돌 구조의 아궁이는 생활유적으로 지속적으로 개보수를 통해 유지되는 특성을 갖고 발굴결과에 따른 최종 판단이 고려시기의 아궁이는 특정할 수 없고 정확한 자료를 입증하기는 어렵다는 결론이어서, 결국, 아자방의 아궁이 함실의 형태는 가마형태로 추정하여 계획하였다.

그래서 칠불사 경내 주변 건물로 주지실 기단 사진 자료를 검토한 결과 기단에 함실아궁이를 조성하고 상부를 기단상부면과 같이 마감한 함실아궁이와 유사한 형태로 추정하고, 최종적으로 아자방지의 아궁이 형태는 함실 좌우측면의 석렬과 상부는 열의 손실을 방지하기 위해 복토 등을 이용하여 가마형태를 조성하고 연소 여부를 확인할 수 있는 개구부를 설치하였을 것으로 추정하여 계획하였다.[14]

아(亞)자 형태를 구성한 부분은 2중구들로 계획하였으나 실제 시공시에는 구들둑을 암기와를 적층하는 방법으로 하였기 때문에 적층된 구들둑 고래의 유효 높이가 300mm가 넘어가는 부분에는 보조 구들장을 사이에 추가로 구성하여 구들둑의 구조상 안전성과 축열성을 높였다. 그리고 구들장 상부는 와편으로 펴깔고 상부에 부토를 300mm 두께로 깔아서 평탄하게 구성하였다.[15] 아궁이 부분 아(亞)자 형태 참선부분은 가마형 아궁이 부분은 홍예모양의 함실 최상부에는 구들장을 직접 깔고 와편으로 펴깔고 부토로 바닥을 채웠다. 그리고 홍예경사에 따라 250mm 정도의 높이마다 중층으로 고래를 척

---

14 실제 체험관 계획시에는 외부 함실아궁이 우측 지붕쪽에 450mm*450mm 보조 연료투입구를 만들고 2중분을 만들어 열손실을 막는 것으로 계획시공하였다.

15 발굴보고서에 따르면 아(亞)자 부분의 횡단면도를 살펴보면 아궁이 쪽에서 고래바닥 단차는 뒤쪽과 43mm 정도 차이가 나고, 배면 아(亞)자 부분은 뒤쪽과 91mm 경사를 구성하고 개자리와 91mm 정도 단차를 구성하고 있다. 중앙부는 전면 아(亞)자 둑보다 170mm 낮게 구성하고 배면쪽으로 36mm 정도 높게 경사를 이루고 있다. 아궁이 쪽 아(亞)자 고래 바닥과 배면 개자리 바닥높이 차는 97mm 정도 고저차를 갖는 것으로 조사되었다.

'千年의 秘密' 아자방 온돌

층한 형태로 바닥을 형성하였다.[16]

| 그림 20 | 가마형 함실상부 및 내외부사진

(5) 굴뚝의 계획

굴뚝은 복원시 낮은 방형의 형태를 화방벽으로 변경하면서 연도를 기단 외부로 연장하고 굴뚝을 높게 구성하였기에 우리 전통구들의 특성을 반영하여 2m를 넘지 않는 높이의 굴뚝으로 계획하여 열

---

16 복원 전 조사된 자료를 분석하면 아(亞)자 형태를 구성한 탄화된 목부재 유구가 조사되었고, 구들장 상부 와편으로 펴깔고 상부에 부토로 평탄하게 구성하였다. 그리고 고래 둑은 암기와를 적층으로 쌓아 형성되어 있었다. 아(亞)자 부분의 고래는 2줄로 형성되어 있는데 외부측으로 높이가 더 높게 조성되어 있으며 내부측 고래 바닥은 180㎜~200㎜ 정도이며, 외부측은 200㎜~330㎜ 정도로 단으로 형성되어 있다.

손실을 최소화 하였다. 최초 굴뚝은 세 개의 연도를 모아 경복궁 자경전 굴뚝형인 장방형으로 계획하였으나 현지 석축과의 조화를 위해서 정방형으로 변경하여 시공하고 상부에 탑형으로 구들상을 3층 적층하여 상징성을 높였다. 마감은 와적구조에서 전벽돌쌓기위 황토마감으로 하여 아자방의 독특성을 부각하였다.

⑹ 보조연료투입구의 계획

자문위원회가 칠불사 경내 주변 건물로 주지실 기단 사진 자료를 검토한 결과에 따라 가마형 함실 외부 아궁이 상부쪽에 보조연료투입구를 계획하였다. 그러나 실재 시공하여 사용한 결과 그 효용이 미미하고 열손실이 많아서 최종 폐쇄하였다.

| 그림 21 | 개자리 시공사진

'千年의 秘密' 아자방 온돌

(7) 고래 둑의 계획

고래 둑은 발굴 결과를 토대로 하여 8개 고래는 9개로 계획하였는데 실제 체험관은 콘크리트 줄기초로 형성되어 실재 고래 둑과 고래의 폭을 고려하여 고래 둑 7개에 고래가 8개로 하였다. 하부 고래는 함실 부넘기 부분 쪽으로 고래 개자리를 구성하고 중앙부의 고래는 배면 아(亞)자 형태로 구성된 부분에서 양쪽으로 나누어 져서 두 개의 고래가 조성되어 고래개자리와 연결하고 두 개의 연도로 배연되도록 구성하였다.

| 초기 스케치 | 완성사진 |

| 그림 22 | 굴뚝 계획도

⑻ 이차공기 공급구의 계획

| 그림 23 | 함실형 아궁이 내부사진

　가마형 함실은 그 용적이 3㎥를 넘고 장시간 천천히 발화해야함
으로 이차공기 공급구를 함실 하부쪽 양쪽 벽에 아궁이 전실에서 함
실 후면쪽으로 연결되도록 설치하였다.

　그 구조는 최초 숫키와를 두 개 포개는 것으로 계획하였다가 시공
시에는 전벽돌과 구들장으로 마감하여 안정성과 효용성을 높였다.

'千年의 秘密' 아자방 온돌

(9) 보조아궁이 계획

| 그림 24 | 보조아궁이 시공사진

| 그림 25 | 함실고래 기초시공사진

가마형 함실 좌측에 설치하고 함실형으로 하되 전용고래를 만들
어 초기 불맞이 아궁이 구실을 하도록 했다. 개자리도 별도로 설치
하여 연기의 역류를 방지하면서 효용성을 높였다.

| 그림 26 | 2중 구들장 시공사진

| 그림 27 | 가마부넘기부분 매화구들 사진

　　　　　　　　　　　　　'千年의 秘密' 아자방 온돌

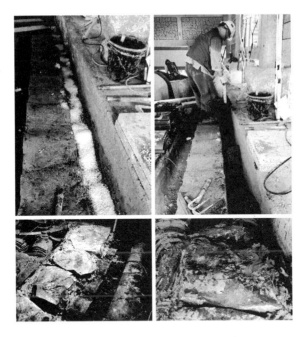

| 그림 28 | 시근담 단열 및 소금, 훈탄 채우기

| 그림 29 | 2중 구들장 시공사진

5. 공사추진 현황

문화재명

: 하동 칠불사

지정별

: 경상남도 유형문화재 제144호(1976. 12. 20.)

소재지

: 경상남도 하동군 화개면 범왕길 528

연혁

하동 범왕리의 지리산 반야봉 남쪽 해발 800m 지점에 있는 칠불사에 있다. 아자방은 신라 효공왕(孝恭王) 때 구들도사로 불리던 담공화상(曇空和尙)이 아(亞)자형으로 길이 약 8m의 이중온돌방을 축조하였는데, 온돌의 구조가 특이하여 아궁이는 지게를 지고 들어갈 만큼 거대하고 불을 한번 때면 49일간이나 따뜻하였다고 한다. 1948년 소실되어 그 터만 함석으로 덮어 문화재로 지정, 보호하여 오다가 1982년에 현재와 같이 복원하였다. 복원된 건물은 정면 5칸, 측면 2칸의 맞배지붕을 한 무익공계(無翼工系)로 정면 우측 2칸이 부엌이고, 좌측 3칸은 온돌방으로 되어 있으며 내부가 하나의 공간으로 트여 있다. 온돌방의 내부는 바닥 높이가 다른 2단 구조로, 정면 3칸 중 각 좌우 1칸은 중앙칸보다 45㎝ 가량 높고 경계면이 ㄷ자형으로 가운데가 팬 모양이어서 바닥의 전체 모양이 아자형이다. 현재는 평범한 크기의 아궁이로 깊이는 대략 2m 가량으로 다소 깊으며 아자의 곳곳마다 놋쇠판을 대었다. 굴뚝에는 열을 조절하는 놋쇠판을 두어 온돌의 열효율을 높이도록 하였다. 칠불사는 1세기경 가락국(駕洛國)의 시조 수로왕(首露王)의 일곱 왕자가 그들의 외삼촌인 범승(梵僧) 장유보옥선사(長有寶玉禪師)를 따라 이곳에 와서 수도한지 2년 만에 모두 성불(成佛)하였으므로 지어진 이름이다. 11동의 건물이 있었으나 여러 차례의 중·개축을 하며 모습을 유지하다가 1948년 여수 순천10.19사건으로 완전히 소실되었다. 그 후 여러 해 동안 재건되지 않다가 현재의 주지가 16년 동안 문수전(文殊殿)·보광전(普光殿)·선원(禪院) 등의 건물을 중창하였다. 이 가운데 선원이 곧 아자방이다.

주변현황

칠불사는 행정구역상 경상남도 하동군 화개면 범왕길 528의 지리산 반야봉 남쪽 해발 800m 지점에 자리한 대한불교조계종 제13교구 본사인 쌍계사의 말사이다. 아자방지가 위치한 칠불사는 지리산 국립공원 구역 내 있으며, 기도도량으로 참선을 위한 스님과 신도들이 많이 찾고 있다. 칠불사는 하동읍에서 화개면 방면으로 약 30km, 화개면에서 약 10km 가량을 올라가면 지리산 국립공원 내에 위치하고 있다. 칠불사 주변으로는 쌍계사가 위치하고 있다.

보수대상현황

- 아자방 체험관 건립사업

사업개요

가. 사업지침

하동 칠불사 아자방지는 전통불교의 선문화와 주거문화(온돌문화)가 결합된 한국 온돌문화의 정수를 보여주는 유적으로 문화재에 대한 이해와 체험을 통해 힐링과 건전한 일상생활을 위해 아자방 체험관에 구들을 설치코자 함.

나. 공사내용

- 함실형 아자방 아궁이 설치
- 보조아궁이 및 보조 연도 설치공사
- 고래 둑, 하방벽(고막이), 시근담, 구들장, 개자리 등 구들 설치
- 연도 및 굴뚝설치

공사추진내용

공사명 : 하동 칠불사 아자방 체험관 구들 설치공사

사업년도 : 2019년도

승인일 : 2019. 05. 20.

설계자 : 미추홀 건축사 사무소 Tel : 055 - 880 - 2368

공사기간 : 2019. 05. 20. ~ 2019. 09. 02.

현장대리인 : 신광호(보수기술자 제811호)

수리기능자 : 김준봉(온돌공 7292), 김성일(한식석공 5296), 이성전(번와와공 2121)

공사감독관 : 백승렬(하동군청 문화관광과)

Tel : 055 - 880 - 2368

6. 정리하며

구들은 높은 열을 장시간 사용하는 특성으로 인하여 오랜시간 원형을 보존하기 어렵다. 그래서 아자방은 창건이래 여러 차례 복원과 중수의 변화를 겪으면서 신라시대 담공선사가 건립한 최초의 모습은 알 수 없다. 다만, 여러차례 중수과정을 통하여 온돌이 부분적으로 훼손되어 초창당시의 모습이 많이 사라졌다고 하더라도 창건 당시의 원형이 어느 정도 지속적으로 잔존하여 왔다는 점에서 온돌에 대한 고고학적 의미를 부여할 수 있다.

| 그림 30 | 함실 2차공기 투입구 시공사진

그리고 이번 해체와 발굴조사를 통하여 고려시대의 확돌과 석렬이 발견되어 지금까지 알려진 조신시대의 온돌유적이 아니고 신라 담공선사가 만든 시대의 것을 발굴하지 못하였지만 최소한 고려시

대에 아자방지가 존재했음을 밝혀졌다. 또한 보조아궁이가 있어 큰 방을 데우면서 오래 불을 머므르게 하는 기술을 찾아 체험관에서 재현 할 수 있었으며 가마형으로 추정되는 아궁이 전면부가 발굴되어 문헌으로만 알려진 아궁이의 크기가 일부 규명되었고 특히 이번 체험관 공사를 통하여 가마형 함실과 아자방을 1:1규모로 재현하여 그 성능과 객관성을 입증한 것은 가장 큰 성과라 하겠다.

| 그림 31 | 보조아궁이 상부 고래 아랫목돌사진

이같이 칠불사의 아자방 구들은 우리나라를 대표하는 전통온돌로서, 불을 때 방바닥의 온도를 높여 난방을 하는 고유한 전통문화를 이해하고 계승 발전시켰다는 점에서 건축사적 의미가 매우 크다. 또한 칠불사는 지리산의 문수보살의 기도처인 동국제일선원으로 이름이 나있는데, 그 중심에 아자방이 있다. 따라서 이 아자방은 창건 이래 우리나라 불교를 대표하는 많은 선승의 수행처로서 불교사적으로도 의미가 매우 크다.

아직은 아자방의 흔적이 고려시기에 머물고 있지만 향후 아자방지 부근의 유적들이 추가로 발굴되어 신라 담공선사가 지었다는 아자방의 흔적들을 찾아지기를 기대한다.

　빛나는 선조들의 유산인 아자방 구들을 계승 발전 시켜야한다.

　우리 전통문화인 구들(온돌)은 난방과 취사라는 일상생활상의 문제에서 머물지 않고 경매 사상 세계최고의 자기 접시를 만들어낸 도자기 가마로 직행하였고 능란하게 불을 다루던 솜씨는 인류역사상 최단기간에 이루어낸 한국의 제철산업으로 연결되었다.

　허준 선생님의 《동의보감》같이 기록으로 남긴 자료가 보존되었다면, 그 옛날 찬란했던 조상의 과학문명을 만날 수 있는 고려청자, 에밀레종에 관한 제조기법이라던가 또는 잃어버린 북방 영토에 대한 내용, 깊이를 알 수 없는 선조들의 정신세계 등, 얼마나 많은 우리의 뛰어난 문화를 계승, 발전시킬 수 있었겠으며, 아자방 구들의 상세한 축조기법 등이 기록되어 있다면 에너지공학 분야에서의 얼마나 많은 전 지구적 도움을 가져 올 수 있었겠는지, 안타까울 뿐이다. 분명히, 남아있었을 기록이나 자료가 외침에 의한 화재로 소실되거나 유출되었을 수도 있다.

　다행이라면, 완벽하지는 않아도 6.25사변 후 폐허가 되다시피 한 아자방 구들 유적을 발굴하면서 사진과 도면을 남겨놓은 자료가 있어서 여차하면 그런대로 복원시킬 여지가 남아있다는 것이다.

　아자방의 신비스러움을 그냥 전설로 치부하고 넘어가 버릴 문제가 아니다.

　힌번 불을 때면 100일 동안 온기를 지속했다는 우리조상의 작품인 아자방을 재현할 수 없는가.

전설이 아닌 사실이기에, 더군다나 우리민족의 문화사적 창조물이며 조각난 우리 역사를 이어줄 수 있는 연결고리이기에 반드시 아자방 구들(고래온돌)의 과학성과 실체를 밝혀 소중한 전통문화 유산을 유지 보존하여 실생활에 적용하고 효율적인 보급이 이루어질 수 있도록 하기 위하여 빛나는 선조들의 유산인 아자방 구들을 계승 발전 시켜야한다.

경남인력1	5	문재남	1	용역1	8	유명성	8	이상호	2	홍영표	1		
경남인력1	3	문무경	3	용역2	4	유근애	1	이용문직원	1	홍종진	1		
곽방지	28.5	미장공	1	용역3	1	유명성직원1	2	이재경	4	김만식	2		
구운돌기공	1	박창욱	2	오재민	3	유명성직원2	2	이현자	9.5	김만식조공1	2		
구운돌기공	1	박창욱조공1	2	안성근	1	윤주식	6.5	이재민	1				
권득일	8.5	박창욱조공1	1	안성근조공	1	윤석준	16	임문상	1				
김명자	1	박수만	3	우성준	2	이대희	3	임정훈	18.5				
김명수	3	박종현	1	우창섭	1	이명국	2	윤순웅	3.5				
김민주	2	신용선	4.5	우창섭1	1	이용문	13.5	진두용	11				
김수환	2	신용선직원1	3	우창섭2	1	이일호	1	정채화	9				
김준봉	43.5	신용선직원2	2	우창섭3	1	김만식조공2	2	조원창	2				
김태자	3	신규철	2	임준구	2	이상범	1	지정남	2	총인원	79명
김현자	2	송미영	6	임준구미장	3	이성기	1	최윤수	11.5	연인원	301명

| 표 3 | 총작업인원과 연인원 참여 현황표

작업자명	월	화	수	목	금	토	일	월	화	수	목	금	토	일	합계
					5/17	5/18	5/19	5/20	5/21	5/22	5/23	5/24	5/25	5/26	
김준봉					1	0.5	1	1	1			1			5.5
곽방지					1		1	1	1	1	1	1			7
유명성					1		1	1	1						4
임정훈					1	0.5	1	1	1	1	1				6.5
임순응					1	0.5	1	1							3.5
합계	0	0	0	0	5	1.5	5	5	4	2	2	2	0	0	26.5
	5/27	5/28	5/29	5/30	5/31	6/1	6/2	6/3	6/4	6/5	6/6	6/7	6/8	6/9	합계
김준봉	0.5								1	1		0.5			3
곽방지	0.5	1	1	1	1			1	1	1			0.5	0.5	8.5
유명성									1	1					2
임정훈								1	1	1	1	1			5
윤주식	0.5										0.5	0.5			1.5
이용문								1	1	1	1	1			5
진두용								1	1	1	1	1			5
정채화									1	1	1				3
조원창										1	1				2
송미영									1	1	1				3
합계	1.5	1	1	1	1	0	0	4	6	8	6	7	1	0.5	38
	6/10	6/11	6/12	6/13	6/14	6/15	6/16	6/17	6/18	6/19	6/20	6/21	6/22	6/23	합계
김준봉								1	1	1	1	1	1	1	7
곽방지	1	1	1	1	1		1								6
임정훈	1	1	1	1	1	1	1								7
윤주식	1	1	1	1	1										5
이용문	1	1	1	1	1	1					0.5	1			7.5
진두용	1	1	1	1	1	1									6
정채화	1	1	1	1	1	1									6
김민주		1	1	0											2
이재경	1	1	1	1											4
송미영														1	1
윤기희													1	1	2
윤석준														1	1
최윤수						1	1	1	0.5	0.5		1	0.5		5.5
권득일						0.5	1	1	1		1	1			5.5
용역1								1	1			1	1		4
용역2									1			1			2

														합계
신용선									0.5	1					1.5
이현자									0.5	1					1.5
신용선 직원1										1					1
합계	7	8	8	7	6	4	2	2	3.5	7	5	3.5	6	6.5	75.5

	6/24	6/25	6/26	6/27	6/28	6/29	6/30	7/1	7/2	7/3	7/4	7/5	7/6	7/7	합계
김준봉	1	1	1					1	1	1	1	1	1	1	10
윤석준	1	1	1					1	1	1		1	1	1	9
곽방지									1	1					2
최윤수	1	1	1												3
권득일	1	1	1												3
용역1	1	1	1							1					4
용역2		1	1												2
용역3			1												1
송미영	1														1
이대희								1	1	1					3
오재민								1	1	1					3
지정남								1	1						2
이현자										1	1				2
우성준												1	1		2
박창욱												1	1		2
박창욱 조공1												1	1		2
박창욱 조공2													1		1
이일호													1		1
이일호 조공1													1		1
홍영표												1			1
문무경												1			1
이상범												1			1
이명국													1	1	2
합계	6	6	7	0	0	0	0	5	6	7	2	8	9	3	59

	7/8	7/9	7/10	7/11	7/12	7/13	7/14	7/15	7/16	7/17	7/18	7/19	7/20	7/21	합계
김준봉	1		1	1	1	1	1			1	1	1	1		10
곽방지	1		1												2
신용선				1											1
윤석준	1		1	1	1	1									6
이성기			1												1
최윤수			1	1	1										3
이현자				1											1
박수만						1									1
김태자			1	1											2
김수환			1	1											2
문무경					1	1									2
임문상							1								1
우창섭							1								1
우창섭1							1								1
우창섭2							1								1
우창섭3							1								1
유미장												1	1		2
신규철										1	1				2
이재민										1					1
박종현										1					1
김명수											1				1

'千年의 秘密' 아자방 온돌

															합계
미장공											1				1
유근애										1					1
송미영										1					1
경남인력1	1		1	1	1		1								5
경남인력2	1			1	1										3
구운돌기공1				1											1
구운돌기공2				1											1
합계	5	0	7	8	10	4	8	0	0	6	4	2	2	0	56

	7/22	7/23	7/24	7/25	7/26	7/27	7/28	7/29	7/30	7/31	8/1	8/2	8/3	8/4	합계
김준봉													1	1	2
김명자													1		1
김현자													1	1	2
합계	0	0	0	0	0	0	0	0	0	0	0	0	3	2	5

	8/5	8/6	8/7	8/8	8/9	8/10	8/11	8/12	8/13	8/14	8/15	8/16	8/17	8/18	합계
김준봉	1	1	1		1	1	1								6
문재남	1														1
곽방지	1					1	1								3
홍종진 관장	1														1
김태자	1														1
신용선						1	1								2
신용선 직원1						1	1								2
신용선 직원2						1	1								2
박수만						1	1								2
이현자	1					1	1								3
이용문	1														1
이용문 직원	1														1
안성근	1														1
안성근 조공	1														1
유명성						1	1								2
유명성 직원1						1	1								2
유명성 직원2						1	1								2
최능순						1	1								2
최능순 조공						1	1								2
김명수						1	1								2
이상호						1	1								2
합계	10	1	1	0	1	14	14	0	0	0	0	0	0	0	41
누계															301

| 표 4 | 2019년 5월 17일 ~ 8월 11일까지 총 공사인원 투입현황

'千年의 秘密' 아자방온돌

‘千年의 秘密’ 아자방온돌

'千年의 秘密'아자방온돌

'千年의 秘密' 아자방온돌

'千年의 秘密' 아자방온돌

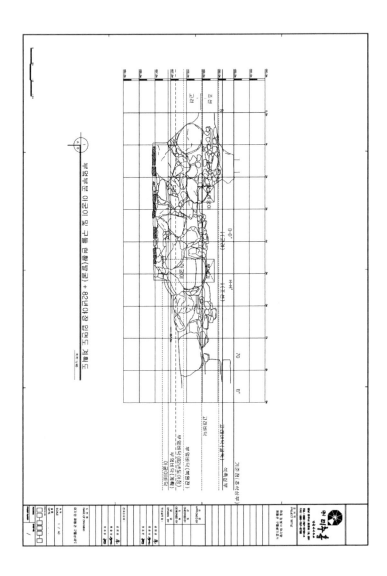

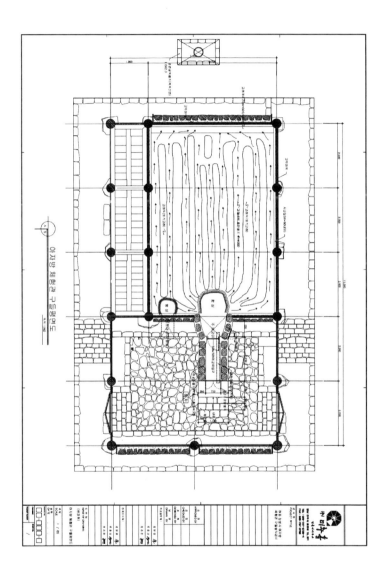

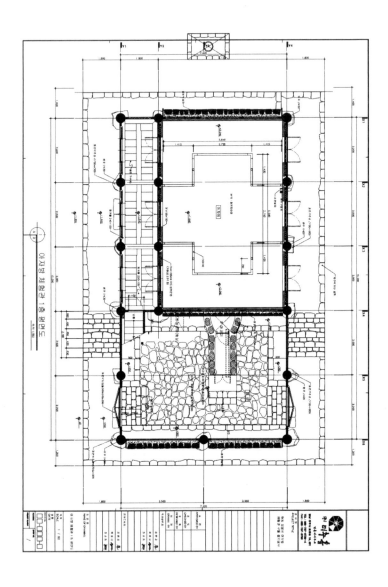

'千年의 秘密' 아자방온돌

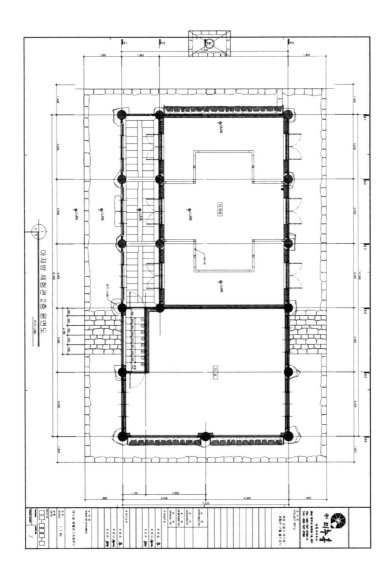

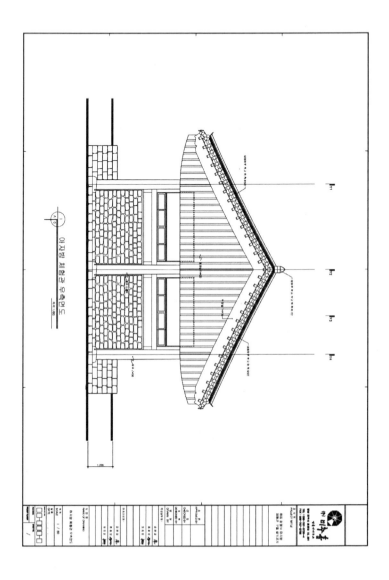

296

'千年의 秘密' 아자방온돌

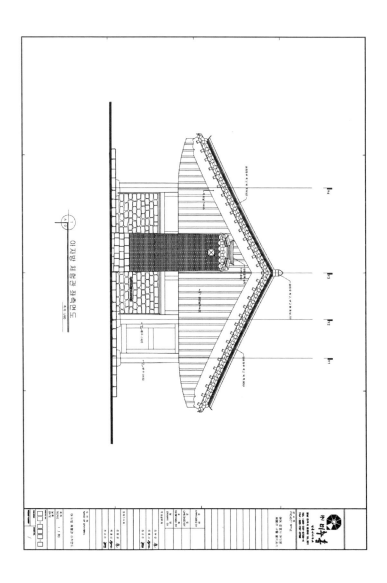

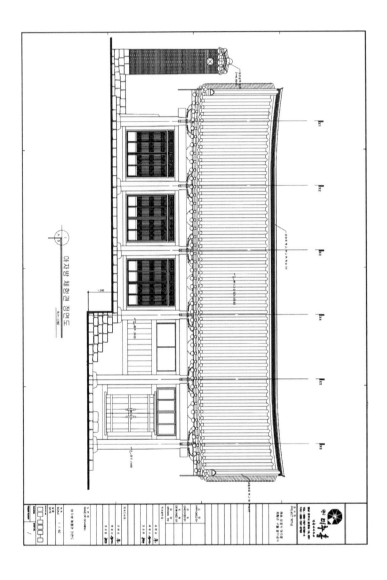

아자방 채운각 전면도

298 　　　　　　　　　　　　　　　　　　　　　　　'千年의 秘密' 아자방온돌

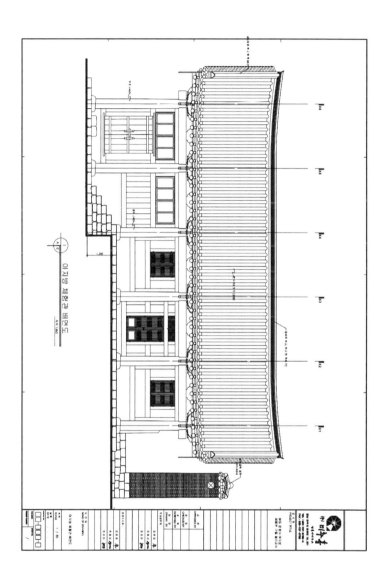

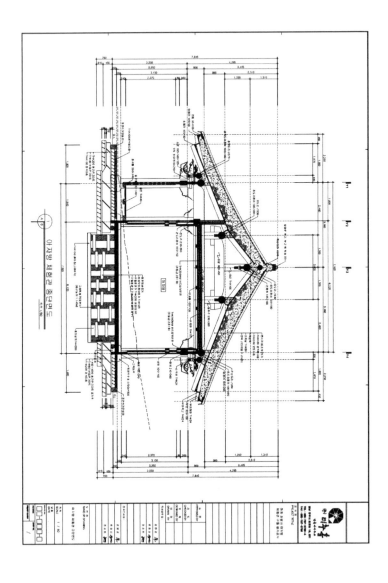

‘千年의 秘密’ 아자방온돌

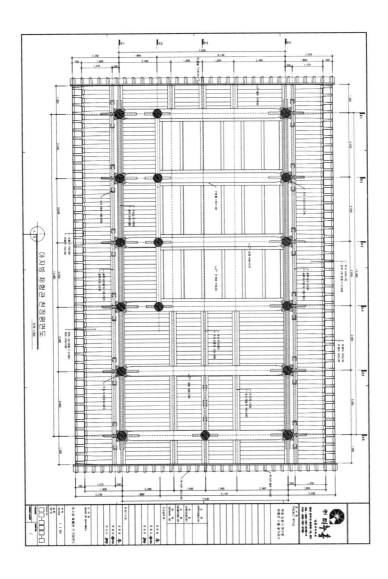

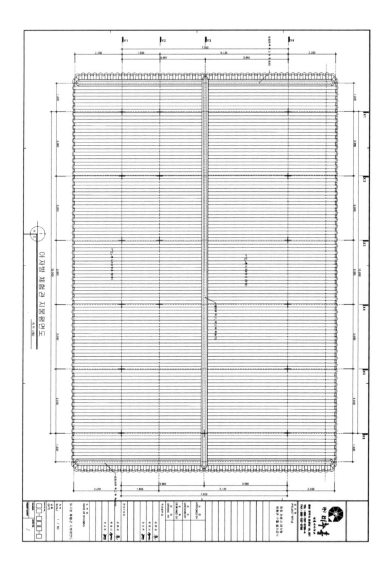

정리하면서

한옥의 심장은 온돌
- 〈한옥은 온돌이 없으면 알맹이 없는 껍데기〉

날씨의 변화에 따라 따뜻함과 시원함이 한공간에 존재하는 한옥, 우리내 문화의 정수로 꼽히는 전통가옥이다. 중국, 일본의 전통 주택과 한옥의 가장 큰 차이는 바닥난방시설인 온돌(구들)에 있다. 온돌은 건축시설이지만 한옥의 민속문화의 핵심이다. 그래서 한옥의 구조는 그 자체로 구들을 보호하기 위한 것이라 할 수 있다. 구들 아래의 흙은 장마철 습기를 흡수했다가 날이 건조해지면 이를 방출하는 방식으로 방 안의 습도를 조절한다. 여름철에는 땅에서 올라오는 습기를 차단하고 겨울철에는 지열을 저장해준다. 이와 같이 온돌은 복사와 전도, 대류의 열진딜 3요소를 모두 고려한 독특하면서도 친환경적, 과학적인 난방법이다.

겨울을 나는 방식으로 곰은 잠을 자고, 호랑이는 먹잇감이 부족한 한겨울에는 더욱더 열심히 사냥을 하면서 겨울을 난다. 어느 것이 더 바람직 할까? 우리가 전에는 '약육강식', '적자생존', '강한 자가 살아 남는다.'고 배워왔다. 그 때에는 서양의 문물이 본격적으로 들어오면서 능동적이고 진취적인 삶이 최고선이었다. 그러나 최근 서구에서 들어오는 첨단 생태건축 이론은 패시브 하우스(Passive House)이다. 직역하면 '수동형 주택'이지만, '자연형주택' 혹은 '자연친화(순응)형 주택'이 더 적절한 번역이라 할 수 있다. 우리 한옥은 호랑이와 같은 삶이라기 보다는 곰 같은 삶으로 겨울을 지냈다고 볼 수 있다.

한옥의 키워드는 건강건축

이와 같이 우리 한옥의 키워드는 상극이 아니고 상생이다. 즉 '너를 죽여야 내가 사는 것이 아니고 네가 살아야 나도 산다.'이다. 한겨울에는 마당과 마루는 버리고 오로지 방안에서 겨울을 보냈다. 그 방도 다 사용하기 보다는 윗목은 요강의 물이 얼 정도로 춥게되어 아랫목 만으로 한겨울을 났으니 그야말로 최소면적을 데워서 아랫목 이불 속에서 가장 적은 에너지를 사용하는 구조이다. 실내외 기온차가 적을 수로 에너지의 부하가 줄어 에너지를 절약하게 된다. 지금 현대의 주택은 방안의 온도를 따스하게 유지시키는 단열 벽체가 주택에서 아주 중요한 요소이지만, 한옥 온돌방의 단열재는 벽체가 아니고 아랫목에 깔아놓은 '이불'이라 할 수 있다. 이와 같이 한옥의 특징은 실내온도를 낮추면서도 이불 속 온도를 높여 수승화강(水昇火降)의 원리에 입각한 두한족열(頭寒足熱)로 쾌적도를 유지하는 에너지 절약형 시스템이다.

전통온돌을 시공하는 주택은 단열규정을 완화해야

우리 전통온돌을 현대과학으로 연구한 최초의 학자는 세브란스병원의 의사를 지낸 현규환 박사이다. 그는 1930년대 일제 강점기 만주의과대학시절에 보건의학교실의 주요 연구 '온돌과 캉(炕)의 위생학적 연구'에서 조선인·만주인·중국인에 따른 종류별 온돌의 구조와 원리 및 지역별 분포 등을 아주 상세히 조사하고, 침상 내 이불 속 온도에 따른 쾌적감 등을 체계적으로 연구하였다. 그의 연구에 따르면 한민족의 온돌은 우리 주거문화의 핵심이고 건강건축의 중요한 요소로 보고있다. 그러나 최근 건축법에 따른 벽채의 단열규정으로 말미암아 건강건축으로서의 한옥의 정체성이 점점 없어지고 있다. 주택은 휴식을 위한 침실의 환기와 쾌적한 산소공급이 중요하기 때문에 전통 온돌이 설치된 주택의 경우에는 침실만이라도 건축법상 과도한 단열조건을 완화 시켜야 이불 속 온도를 쾌적의 조건으로 하는 우리민족의 온돌전통이 유지될 수 있다.

온돌문화 유네스코 세계문화유산 등재를 서둘러야

그러나 아쉽게도 이러한 온돌기술을 현대건축으로 잘 이용한 나라는 우리나라가 아니고 독일, 일본 등이다. 그들이 우리의 온돌기술을 기초로 하여 현대적 난방으로 온수온돌과 전기온돌 등으로 산업화하였기 때문에 우리의 온돌제품이 질과 가격 면에서 충분이 경쟁력이 있음에도 불구하고 세계시장에서 국가브랜드가치의 열세로 말미암아 중국 미국 등 바닥난방의 수요가 급증하는 지역의 시장을 대부분 점령하고 있는 실정이다. 때문에 우리 고유의 온돌 기술을 지속적으로 교육하여 보급하고. 보전하는 정책적 지원이 필요하다.

조속히 유네스코 세계문화유산에도 등재를 서둘러야할 이유이다.

온돌 - 우리의 빛나는 문화유산

우리의 빛나는 문화유산은 수없이 많다. 그 중에 가장 세계에 내어 놓을 만한 것은 무엇인가? 바로 한글과 금속활자 그리고 온돌이다. 온돌은 한국에 국한되지 않고 세계적으로도 통용될 수 있는 보편적인 건강건축이기 때문이다. 서양은 벽난로는 '서있는 불'을 사용하지만 우리는 불을 깔고 앉을 수 있게 '누운 불'을 사용한다.

전통은 편하고 익숙한 것

사실 전통은 어렵고 힘든 것이 아니다. 편하고 익숙하면서 나름의 품격을 갖춘 것이다. 한옥전통을 이어가기 위해서 지금 이 시대에 편하고 익숙한 한옥이 요구되는 당연한 이유이다. 편리하고 아름다운 한옥에 살고 싶지 않은 한국 사람이 있을까? 그런데 왜 많은 사람들이 아직도 한옥이 아닌 양옥에 살고 있는가? 그것은 바로 삶의 질의 향상과 우리의 정체성 회복에서 찾을 수 있다. 지금 불편한 한옥은 과거 시절의 한옥이지 지금의 한옥은 아니다. 그래서 그리 비싸지 않으면서 편리하고 따뜻한 그러면서도 전통의 품격이 있는 한옥의 출현은 이 시대의 요구이다. 서양의 건축가들이 주장하는 친환경(ECO - Environment)성은 우리 한옥의 핵심이다. 이런 한옥이 과거처럼 편리하고 품격이 있으면서 가격도 저렴하게 만들어야할 책임에서 한국의 건축사들도 자유로울 수 없다.

지리산 칠불사 아자방 국제학술대회 열려

2019년 9월에 열린 국제온돌학회와 하동군이 공동으로 주최한 제 18차 국제학술대회는 우리나라의 대표적인 온돌인 칠불사 아자방을 주제로 그간의 아자방의 발굴과 재현한 성과를 공개하였다. 아자방 의 놀라운 비밀을 현대 기술로 밝히고 반만년을 이어온 온돌난방의 원천기술을 현대에 접목해 인류의 위대한 발명인 바닥난방문화를 한층 계승 발전시켜 나가는 행사였다. 칠불사의 아자방은 실내 모습 이 한자의 아(亞)자와 같은 형태로 지어진 곳이라 하여 아자방이라 이름 지어졌으며, 스님들이 수도를 하는 좌선처와 경행처를 두고 있 는 독특한 구조이다. 아궁이는 장정이 지게를 지고 들어갈 만큼 거 대하고, 한 번 불을 때면 긴 겨울 동안거 동안 수행을 하던 스님들을 위해 49일간이나 따뜻하고 100일간 온기를 간직했다는 놀라운 기록 이 남아있는 우리 온돌 역사의 자부심이다.

지리산자락에 위치한 이 아자방은 신라 효공왕(재위 897~912년) 때 구들도사로 불리던 담공 선사가 칠불사에 축조한 아자형의 온돌방 으로, 네 모퉁이를 바닥보다 35㎝ 높게 잡아 스님들이 면벽 수행 을 할 수 있도록 돼 있다. 아자방은 만든 이래 1000년을 지내는 동 안 한번도 고친 일이 없다는 기록이 있는데, 안타깝게도 순조 30년 (1830년)에 화재로 소실되어 개축했으나, 다시 1949년에 여수 순천 10.19사건으로 국군에 의해 작전상 이유로 소실되었다. 1982~83년 에 복원 사업을 벌이면서 당시 시굴 조사 결과 1m 이상의 구들과 10㎝ 두께의 방바닥장판, 구들장의 두께는 20㎝ 이상 되는 것이 많 이 조사됐으나 서둘러 공사를 마지는 바람에 원형이 많이 훼손된 것 은 큰 아쉬움으로 남았다.

아자방, 천년의 비밀을 풀리다

경남건축문화재연구원이 하동군의 의뢰를 받아 아자방터를 두 차례에 걸쳐 발굴 조사한 결과 고려 시대 건물터가 확인되었고, 그동안 묻혀 있던 아래쪽에서 네모반듯한 모양의 '확돌'도 처음으로 발굴됐다. 발굴·조사된 유물로 고려시대 때부터 존재했음을 보여주는 아자방 구들에 대해 알리고자, 사찰 방문객을 위해 실제로 아자방 온돌을 동일한 형태와 크기로 재현하였고 학술대회 기간 동안 임시개관을 하였다. 아자방 해체복원 사업의 자문단장인 고영훈 경상대학교 명예교수가 '지리산 칠불사 아자방 구들의 해체와 복원', 그리고 아자방의 재현을 위한 체험관을 직접 설계하고 시공한 지은이가 '아자방 구들 체험관의 구조와 설계시공'를 주제로 각각 발표한 후 아자방지 발굴조사 현장을 견학하고 새로 재현된 아자방체험관을 통하여 온돌장인들의 숨결을 느끼는 시간을 가졌다.

아자방, 한국온돌문화의 뛰어남을 나타내는
그 천년의 비밀들을 알아내다

아자방은 우리 민족이 불을 다루는 솜씨가 얼마나 뛰어났는지를 보여 주는 걸작 중에 걸작이며 우리나라 전통 온돌문화의 특징을 잘 보여 주고 있다. 이번 발굴과 복원을 위해 부엌 바닥과 아궁이, 구들과 고래 등을 모두 해체한 결과 아자방 구들의 천년 비밀을 어느 정도 밝혀낼 수 있었으며, 하동군은 발굴 결과를 토대로 문화재청에 아자방을 국가지정문화재로 승격을 준비 중에 있다. 또한 칠불사 경내에 아자방 온돌 체험관을 별도로 재현해서 우리 선조들의 온돌 기술과 문화를 일반인들에게 공개하고, 체험도 할 수 있게 할 계획이

'千年의 秘密' 아자방 온돌

다. 아자방 온돌 체험관은 발굴 결과를 토대로 철저한 고증을 거쳐 오는 12월 말 완공될 예정이다. 온돌문화는 이미 유네스코 세계유산으로 등재된 우리의 천년 고찰 산사건축, 양동마을 하회마을 외암리 민속마을 등 민가건축, 경복궁 창경궁 등 궁궐건축에 이르기까지 온돌이 핵심 요소이다. 온돌은 한민족의 고유전통 생활 양식으로 역사와 문화적 가치를 가지고 있을 뿐만 아니라 오랜 고대 기술의 고유성을 간직하고 있어서 세계문화유산으로서의 가치가 충분하다. 한글과 더불어 온돌문화는 인류의 보편적 가치를 나타내는데 손색이 없다. 이미 작년 5월에 국가무형문화재로 등재되어 유네스코 등재 신청요건을 갖추었다.

전통의 발굴과 보전 – 현대화와 대중화

문화재와 같은 전통한옥은 발굴되고 보존되어야한다. 그와 더불어 우리가 지금 사용하고자 하는 이 시대의 한옥은 현대화되고 널리 퍼져 발전하고 편리하게 변해야한다. 전통을 발굴하고 보존하는 일이 중요한 만큼 지금을 사는 우리들에게 적합하도록 현대화되고 변해야하는 것도 중요하다. 그래야 그 한옥전통의 명맥을 이어갈 수 있다.

편리하고 아름다운 한옥에 살고 싶지 않은 한국 사람이 있을까? 그런데 왜 많은 사람들이 아직도 한옥이 아닌 양옥에 살고 있는가? 결론적으로 충분히 과거 전통을 잘 전수하였다 하더라도 좁고 춥고 비싸고 불편한 옛날의 한옥에는 더 이상 살기 싫어서이다. 아무리 품격이 있는 한옥이라도 한겨울에 두꺼운 솜옷(파카)를 입고 – 한 방송의 연예인의 보어주는 집처럼 – 살 수는 없지 않은가? 바깥화장실과 부엌은 이미 현대인의 생활에는 전혀 맞지 않다. 아무리 전통이 좋아도 그런 집에서는 도저히 살 수 없다. 그래서 결국 현대화의 길목에서 한옥은 천덕꾸러기였다. "새벽종이 울렸네 새아침이 밝았네, 초가집도 없애고 마을 길도 넓혀서…"하면서, 아주 적은 수의 전통 한옥들만이 문화재로 지정되어 국가의 보조를 받아 근근이 그 명맥을 유지할 수 있었지만 그 나머지 농촌의 민가 한옥들은 박정희 시대의 새마을 운동으로 거의 사라졌다. 또한 도시의 많은 전통 한옥들도 개발논리와 부동산 투기 붐으로 개발상과 소위 집장사들의 역할에 의해 거의 사라져 갔다.

그러나 다행하게도 최근 일부 지역을 중심으로 한옥 붐이 일고 있다. 전주의 한옥마을을 비롯한 외암리 마을과 세계문화유산으로 선정되어 안동하회마을 경주양동마을 등 전통한옥마을 등이 다시 각광을 받고 새롭게 단장 되었으며 서울 북촌과 은평 한옥마을도 천장 부지로 집값이 뛰고 있다. 나라에서도 수백억을 쏟아 부으면서 한옥의 현대화에 박차를 가하고 있다. 왜 이런 일이 일어나고 있는가?

그것은 바로 삶의 질의 향상과 우리의 정체성 회복에서 찾을 수 있다. 좀 더 품격있는 우리 집 - 한옥에서 살고 싶은 것이다. 또한 아토피걱정이 없는 친환경적인 집에서 자연과 호흡하며 자연과 조화롭게 살고 싶은 것이다. 한옥의 장점은 그야말로 친환경성이다. 그러면서도 품격있는 공간과 우리 한민족에게 익숙한 형태이기 때문이다. 서양의 건축가들이 주장하는 친환경(ECO - Environment)성은 우리 한옥의 핵심이다. 이런 한옥과 온돌이 과거처럼 편리하고 품격이 있으면서 가격도 저렴하다면 얼마나 좋을까?

참고문헌

부록

참고문헌

김준봉 외, 《온돌과 구들문화》, 어문학사, 2014

김준봉, 《온돌문화 구들만들기》, 청홍, 2011

김준봉, 《흙과 불의 과학적 만남》, 한솔교육, 2010

김준봉, 《뜨끈뜨끈 온돌》, 헤밍웨이, 2007

김준봉, 《中國 朝鮮族 民居》, 民族出版社, 2007.12 北京

김준봉, 리신호, 《온돌 그 찬란한 구들문화》, 청홍, 2006

송기호, 《한국 고대의 온돌》, 서울대 출판부, 2006

김준봉, 《중국 속 한국전통민가》, 청홍, 2005

김남응, 장재원, 임진택, 〈프랭크 로이드 라이트의 온돌체험과 그의 건축작품에의 적용과정
　　및 의미에 대한 고찰〉, 대한건축학회논문집, 2005

이정미, 〈고려시대 주거건축에 관한 문헌연구〉, 한국건축역사학회, 2005

이규태, 《한국인의 주거문화》 1,2권, 신원출판, 2000

김동훈, 〈조선민족의 온돌문화〉, 비교민속학회, 1994

김성완, 〈온돌과 한국인의 온열감 특성〉, 주택도시연구원, 1994

주남철, 〈온돌의 역사적 고찰〉, 대한설비공사협회, 1990

신영훈, 《한옥의 조형》, 대원사, 1989

김응갑, 〈전통온돌의 어제와 오늘〉, 온돌협회, 1989

김준봉 외, 〈사단법인 국제온돌학회 논문집 1권~20권〉, 2002~2021

하동군, 하동 칠불사 아자방지 국가지정문화재 등의 지정, 인정 자료보고서, 2021

김준봉, 리신호, 오홍식,《온돌 그 찬란한 구들문화》, 청홍, 2008

강영환, 한국의 건축문화재 7 - 경남편, 기문당, 1999

응륜, 〈칠불암기〉(《경암집》권하)

유일, 〈칠불암 상량문〉(《임하록》권3)

계오, 〈하동부 칠불선원 중창기〉(《가야집》권4)

〈지리산 칠불사 사적비〉(일타, 1993)

하동군, 하동칠불사 아자방 기록화 조사보고서, 2013.05

하동군, 하동 칠불사 아자방지 국가지정 승격 연구 보고서, (사)경남건축문화재연구원, 2018

하동군지편찬위원회, 하동군지, 1996

경상남도, 〈경남문화재대관 - 도지정편〉, 1995

대한건축학회 부산·울산·경남지회 설립60주년기념 공모과제, 부산·울산·경남의 전통건축가
　　이드북, 2007

문화재청(http://www.cha.go.kr)

대한불교조계종 지리산 칠불사(http://www.chilbulsa.or.kr)

전통사찰관광종합정보(http://www.koreatemple.net)

한국고전종합DB(http://www.db.itkc.or.kr)

부록

칠불사 복원 사적비(七佛寺復元事蹟碑)

온 우주법계가 부처님의 도량 아님이 없고 산하대지와 삼라만상이 부처임의 나투심 아님이 없나니 이곳 지리산(智異山) 반야봉(般若峰) 남쪽 기슭에 위치한 칠불사(七佛寺)는 과거 칠불(七佛)의 스승이신 문수보살(文殊菩薩)의 상주도량(常主道場)으로 가락국(駕洛國) 시조 김수로왕(金首露王)의 일곱 왕자가 범승(梵僧) 장유보옥화상(長遊寶玉和尙)의 가르침을 받아 동시 성불한 것을 기념하여 수로왕이 국력으로 창건하였다.

《삼국유사》가락국기에 의하면 수로왕은 서기 42년에 탄생하였으며 남해바다를 통하여 남형(男兄)인 장유보옥화상(長遊寶玉和尙)과 함께 가락국에 도착한 인도 항하(恒河, 갠지스강) 상류의 태양 왕조인 아유타국(阿踰陀國) 공주 허황옥(許黃玉)을 왕비로 맞아 10남 2녀를 두었다.

그 중 장남은 왕위를 계승하고 2남 3남은 어머니의 성을 이어 받아 김해 허씨의 시조가 되었고 나머지 일곱 왕자는 외숙인 장유화상을 따라 출가하여 가야산에서 3년간 수도하다가 의령 수도산, 사천 와룡산 등을 거쳐 서기 101년 이곳 지리산 반야봉 아래에 운상원(雲上院)을 짓고 정진한지 2년만에 모두 성불(成佛)하였다.

칠불의 명호는 성도(成道) 이전의 혜진(慧眞)은 김왕광불(金王光佛), 각초(覺初)는 김왕당불(金王幢佛), 지감(智鑑)은 김왕상불(金王相佛), 두순(杜淳)은 김왕향불(金王香佛), 정홍(淨洪)은 김왕성불(金王性佛), 계영(戒英)은 김왕공불(金王空佛)이다.

이 사실은 한국불교의 남방해로 직전설(直傳說)을 뜻하며 인도에서 중국을 거쳐 고구려 소수림왕 2년인 서기 372년 처음 불교가 들어 왔다는 북방육로 전래설보다 약 3백여년 앞서는 기록이다. 가락국 제8대 질지왕(銍至王)은 공주의 최초 도래지에 왕후사(王后寺)를 세우고 장유화상의 주양지에 장유사(長遊寺)를 세워 가야에 불교가 처음 전해진 것을 기념했다.

신라 경덕왕 때 옥보고(玉寶高)가 이곳 운상원(雲上院)에 들어와 50년 동안 거문고를 연구하여 왕산악 이후의 금법(琴法)을 정리한 신곡 30곡을 지어 속명득(續命得)에게 전했다.

신라 효공왕때 김해에서 온 담공선사(曇空禪師)가 벽안당(碧眼堂) 선실을 아(亞)자형으로 축조하였으니 한번 불을 지피면 100일간 따뜻하였다. 이 아자방(亞字房)은 이중 온돌구조로 되었는데 방안 네 모퉁이의 높은 곳은 좌선처(坐禪處)이며 십자(十字)형으로 된 낮은 곳은 경행처(經行處)이다. 세계 건축사전에 기록된 아자방은 불가사의 한 공법뿐 아니라 수많은 고승들이 배출되었고 머물렀던 곳이기도 하다.

　고려 정명(靜明), 조선조의 조능(祖能), 서산(西山), 부휴(浮休), 백암(栢庵), 무가(無價), 인허(印虛), 월송(月松)선사 등이 대표적이며, 대은(大隱), 금담(錦潭) 두 율사는 이곳에서 용맹기도 끝에 서상수계(瑞相受戒)를 받아 해동계맥(海東戒脈)을 자립했다. 초의(草衣)선사는 이곳에서 다신전(茶神傳)을 초록하였으며 근세의 선지식으로 선(禪)·교(敎)·율(律)을 겸한 용성(龍城)선사가 납자(衲子)들을 제접(提接)하는 여가에 귀원정종(歸元正宗)을 저술하였고, 석우(石牛), 금오(金烏), 서암(西庵)선사 등이 이곳에서 수선(修禪) 안거(安居)하였다.

　임진난(壬辰亂)에 퇴락된 가람이 서산·부휴대사에 의하여 중수(重修)되었으며 서기 1800년에 보광전(寶光殿), 약사전(藥師殿) 등 10여 동의 전 사찰이 실화로 전소되었으나 금담·대은 율사의 원력으로 완전 복구되어 동국제일선원(東國第一禪院)으로서의 위풍을 떨쳤다.

　그러나 안타깝게도 1951년 지리산 전투의 참화로 대가람(大伽藍)이 모두 불타버리고 말았으니 폐허에는 잡초만 무성할 뿐이었다.

1964년에 제월(霽月) 통광선사(通光禪師)가 행각차 이곳을 지나다가 천고(千古)의 성(聖)가람이 찬 재속에 묻혀 있는 것을 통탄하고 반드시 옛절을 복원하리라는 서원을 세워 산숙과 억새풀로 작은 초막을 짓고 문수보살님께 천일(千日)기도를 하고 10여 년간 수행 정진하다가 마침내 문수보살의 가피를 받아 복원 불사를 시작하였다.

1967년 문수전 복원을 시작으로 대웅전, 설선당, 요사채를 차례로 복원하고 1983년 지방문화재 제144호 아자방을 복원하고 그 후 보설루, 종각, 주지실, 채공실 준공, 대웅전내 목각으로 삼존불상(三尊佛像), 後佛탱화, 七佛탱화, 神將탱화를 새로 조성하고 허북대(許北臺)에서 칠불에 이르는 상수도 설치, 경내 진입로 확장, 사찰 주변 임야 50만 평 매입, 1989년 운상선원(雲上禪院) 확장복원에 이어서 대웅전, 문수전, 설선당, 보설루, 주지실, 종각 등을 동기와(銅蓋瓦)로 건축, 1994년 초의선사 다신석비(茶神石碑) 건립, 1995년 일주문 착공, 조경을 마무리하여 마침내 18년에 걸친 대작불사(大作佛事)가 원만히 회향(廻向)하게 되었다.

이는 오로지 십방삼세(十方三世)의 불보살과 역대 조사의 가피력(加被力)과 참선납자들의 정진력과 화주, 시주 및 신심단월(信心檀越)들의 성원과 장인들의 공력과 당국의 협조로서 통광선사의 대원력(大願力)이 이루어진 것이다.

돌이켜 보건대 운상원 아자방이 있는 동국제일선원 칠불사는 허황후가 일곱 왕자의 성불을 목격한 영지(影池), 추월(秋月), 조능(祖能)선사의 치열한 구도행, 문수동자(文殊童子)의 화현(化現), 대은스님의 서상수계 등 수 많은 일화를 간직한 한국불교의 빼어난 성지이다.

　장엄하여라 칠불사 복원이여 사해의 승니도속(僧尼道俗)이 운집하여 지혜의 눈을 밝히고 명안종사(明眼宗師)가 출현하고 용상대덕(龍象大德)이 배출되어 무량한 중생을 제도할 것이 천용팔부(千龍八部)의 옹호로 삼보광명(三寶光明)이 법계에 가득하여 영원토록 무궁하리라.

백두태백 길이 뻗어 방장영봉(方丈靈峰) 솟았으니
반야봉 남녘기슭 찰불출현 성지로다

가락국 김수로왕 일곱 아들 출가하여
장유화상 가르침에 일시성불 하였어라

담공화상 아자방은 동국제일선원이요

서산 부유 양대선사 선풍진작(禪風振作) 하였으며
금담 대은 양대율사 해동계맥(海東戒脈) 수립했네

근세의 용상대덕 무수히 쏟아지니
이어찌 천하제일 명승도량 아니런가

동란중 전화속에 일시에 소진(燒盡)되니

무상할손 세상사여 잡초만 무성쿠나

통광선사(通光禪師) 여기와서 차마 발길 못 돌리고

천일기도 발원으로 문수보살 가피 입어

옛성지 복원하니 이아니 희유(希有)한가

십방(十方)의 승니도속 모두 발심정진하니

자타일시(自他一時) 성불(成佛)하여 불국정토(佛國淨土) 이루리라

　　　　　　　불기 2539년 서기 1995년 을해 3월 3일

　　　　　　　가야산 해인사 동곡당(東谷堂) 일타(日陀) 짓고

　　　　　　　청관거사(清觀居士) 윤효석(尹孝錫) 쓰고

　　　　　　　보광거사(普光居士) 김한열(金漢烈) 새기다